「読み」の交流で育てるコミュニケーション力

「くじらぐも（小1）」から「やまなし（小6）」まで

脇坂幸光

4年「リコーダーを吹く友達」

渓水社

まえがき

脇坂幸光教諭がこれまで取り組んで来られた文学的教材の読みに関する実践と研究がまとめられ、『「読み」の交流で育てるコミュニケーション力　「くじらぐも（小1）」から「やまなし（小6）」まで』として刊行されることになった。著者は、一九九九（平成一一）年、信州大学大学院教育学研究科に入学し、実践に根ざす研究を「小学校における文学教材学習指導の研究　―個の「読み」の傾向を生かす課題学習―」のテーマで修士論文にまとめた。そのとき探究した「文学教材において、学習者が自らの個性を生かしながら『自ら学び自ら考える力』を育成していくための学習指導の在り方」は爾後の著者の課題となった。本書は「コミュニケーション力の育成」という側面からその課題に迫ろうとしたものである。

「コミュニケーション力の育成」は今日における重要課題であるが、学び手の主体的意欲的な学びへの取り組みと具体的な観点や手だてがなければ、コミュニケーションに関する観念的な知識の習得やその形式的で模擬的な話し合いの体験活動にとどまってしまう傾向がある。豊かな内容を持ち主体的に他者との考えの違いを認識したり、思いを汲み取りながら自らの読みを深めていくという学びの創成は難しい。

著者は育てようとする「コミュニケーション力」を、「他者の気持ちを読む力や他者と考えを交流し共有し合う力」と規定し、単なる「物事を伝達する能力や技能では」ないととらえ、他者に視点を据え、寄り添い、わかり合おうとする能力と位置づけている。そして、学び手の誰もが個性的にかかわることのできる文学的教材の読みの交流の場にその可能性を見いだし、読者論における「空所」理論や個々の「読み」の傾向性などを踏まえた具体的手だてによって、「自己認知を可能にすることや、自己変容の契機となることを」を経験させることの意義を示している。

本書の構成は大きく「Ⅰ 理論編」と「Ⅱ 実践編」からなる。「Ⅰ 理論編」は「一 文学教材を『読む』こととコミュニケーション」「二 『読み』の交流でのコミュニケーションの実際 ―F男の学びから―」「三 個々の『読み』の傾向性をさぐる」に分けられ、先行研究と実践的具体を踏まえて、実践の基盤となる「読み」「コミュニケーション」「交流」「『読み』の傾向性」というキーワードに沿って説明がなされている。

「Ⅱ 実践編」では、小学校の定番教材とも言える教材が取り上げられ、「詳細な授業記録や子どもの『読み』の分析」が載せられている。実践報告にはそれぞれに、「一 小学校一年生が 友達とともに 文学的文章を楽しく読む学習をめざして『くじらぐも』、『ずうっと、ずっと、大すきだよ』（小1）」、「二 子どもたちの『不思議』から出発した二者択一の話題を設定して『かたつむりくんに手紙をわたしてよかったのかな』『お手紙』（小2）」のように指導のねらいや指導上工夫すべき方法等が端的に示されている。それを順次たどることにより、児童の六ヶ年の学びの深化と成長が具体的にとらえられている。

学び手にとって与えられたものではない「共学び」としてのコミュニケーションの実体験とその蓄積は、実生活における「共生」のための「コミュニケーション力」の育成につながっていく。

著者と私はこれまで二〇年近く信州国語教育実践研究会の仲間として共に歩んできた。その間ゆるぎなく積み重ねられてきた著者の確かな研究成果が結実し、多くの人の目に触れる機会を得たことはたいへん喜ばしいことである。明日の国語教育を担う若い先生方にぜひ読んでもらいたいと思っている。

二〇一八（平成三〇）年六月

前関西学院大学教授　益地憲一

はじめに

平成二九年に示された次の学習指導要領で目指すものについて、「主体的・対話的で深い学び」という表現が用いられています。これは、「アクティブ・ラーニング」という語句に対する「英語として意味あいまいで粗雑な語句である」（注一）といった批判を受けて、意味を明確にしたものであると考えられます。また、「アクティブ・ラーニングは、活動主義、形式主義に陥りやすいといったデメリットが指摘される」（注二）といった問題意識を受けて、捉え直されたものであると考えられます。

「主体的・対話的で深い学び」とは、新しい概念ではありません。今までも、学習者の側からの学びを志向する実践のなかで目指されてきたものです。私も、文学教材の学習場面で問題解決能力を育み、共に支え合うことのできる主体的な言語生活者を育成しようと考えてきました。子ども達が自ら課題をもって主体的に学ぶ姿や考えを聞き合って自らの考えを広げ深める姿を目指してきました。そのために、文学教材学習において、子ども達が自らの課題を個人追究して得た「読み」を交流し合う学習を展開してきました。そのなかで、学習者の「読み」の傾向性を生かすことや「ひとり学び」の力を育むことを配慮してきました。（注三）

本書では、文学教材の学習指導が持つ「コミュニケーション力の育成」という側面に焦点を当てています。なお、本書で述べているコミュニケーション力とは、物事を伝達する能力や技術を指してはいません。他者の気持ちを読む力や他者と考えを交流し共有し合う力を意味しています。

Ⅰ理論編の一文学教材を「読む」こととコミュニケーションでは、文学教材学習におけるコミュニケーションの様相や「読み」の交流のための場や意義について明らかにしようとしています。**二「読み」の交流でのコミュニケーションの実際**では、一人の子どもを取り上げ、級友の考えにどのように関わって成長していったかを述べています。**三個々の「読み」の傾向性をさぐる**では、文学教材学習を行う際の学習者研究のあり方や方法について提案しています。**Ⅱ実践編**では、私の各学年での実践について紹介しています。私には、子ども達の教育のために日々努力している授業者の皆様の役に立つものにしたいという願いがありました。そのため、できるだけ授業記録や子どもの「読み」の分析を載せて授業の詳細を明らかにし、読んで具体が分かるもの・使えるものにしようと考えました。

本書に掲載した実践は、一定の理論を基にしたものではありません。初めに実践があり、それを私なりにコミュニケーションの側面から考察したものが殆どです。教室での事実である授業実践の記録を分析することを通して、他者との「読み」の交流が、自己認知を可能にすることや、自己変容の契機となることを明らかにしたいと考えました。本書を読んでいただき、ご批正・ご指導をいただけましたら幸いです。

平成三十年　三月

脇坂幸光

（注一）　宇佐美寛「議論を逃げるな　養育とは日本語」（二〇一七）P. 35

（注二）　鶴田清司「自分の既有知識・生活経験から類推するアクティブな学び」（二〇一七）「国語科教育」第八一集　全国大学国語教育学会編集　P. 11

（注三）　脇坂幸光「小学校における文学教材学習指導の研究　—個の「読み」の傾向を生かす課題学習—」（二〇〇一年）信州大学大学院修士論文

目次

6年「バスケットボールをする僕」

目次

まえがき …… 前関西学院大学教授　益地憲一　i
はじめに …… iii
I　理論編 …… 1
一　文学教材を「読む」こととコミュニケーション …… 2
文学教材学習の今日的課題　2
今、求められるもの　4
気持ちを読める子に　6
読むことの「交流」　6
「真正のコミュニケーション」を求めて　9
「読み」は子どもによって違う　12
「読む」ことは、作品や登場人物とのコミュニケーション　14
「読み」の交流はコミュニケーションの場　16
「読み」の交流というコミュニケーションの意義　18
個々が自分の「読み」を持っていることがコミュニケーションを可能にする　21
「読み」の交流を行うための場の設定　23

単元を貫く言語活動と「読み」の交流　25
文学教材を「読む」ことと学力　29

二　「読み」の交流でのコミュニケーションの実際――F男の学びから――　42
F男のとらえと願い　42
F男の学びの実際　44
示唆されたこと　50

三　個々の「読み」の傾向性をさぐる　52
学習者研究の改善　52
「読み」の傾向性を予測すること　55
「読み」の傾向性をさぐる観点　57
「読み」の傾向分析の実際　「ごんぎつね」（小４）　59

Ⅱ　実践編　75

一　小学校一年生が　友達とともに　文学的文章を楽しく読む学習を目指して
「くじらぐも」、「ずうっと、ずっと、大すきだよ」（小１）　76

二　子どもたちの「不思議」から出発した二者択一の話題を設定して
「かたつむりくんに手紙をわたしてよかったのかな」「お手紙」（小2） …… 102

三　個々の「読み」を交流するための場面設定のあり方
「おじいさんが病気になったのは、どうしてだろう」「三年とうげ」（小3） …… 114

四　子どもの学びをとらえて
「豆太に話をするじさまの気持ちを考えよう」「モチモチの木」（小3） …… 150

五　個の「読み」の傾向を生かした課題学習の実践
「ゆみ子に対する父親の願い」「一つの花」（小4） …… 166

六　「読み」の交流を通して、自らの「読み」を確かめたり発展させたりすることを目指して
「このお話の『神様』とは、どういうものなのだろう」「わらぐつの中の神様」（小5） …… 196

七　「読み」の交流を通して、分かる喜びを
「なぜ『やまなし』という題名なのだろう」「やまなし」（小6） …… 216

あとがき …… 241

I 理論編

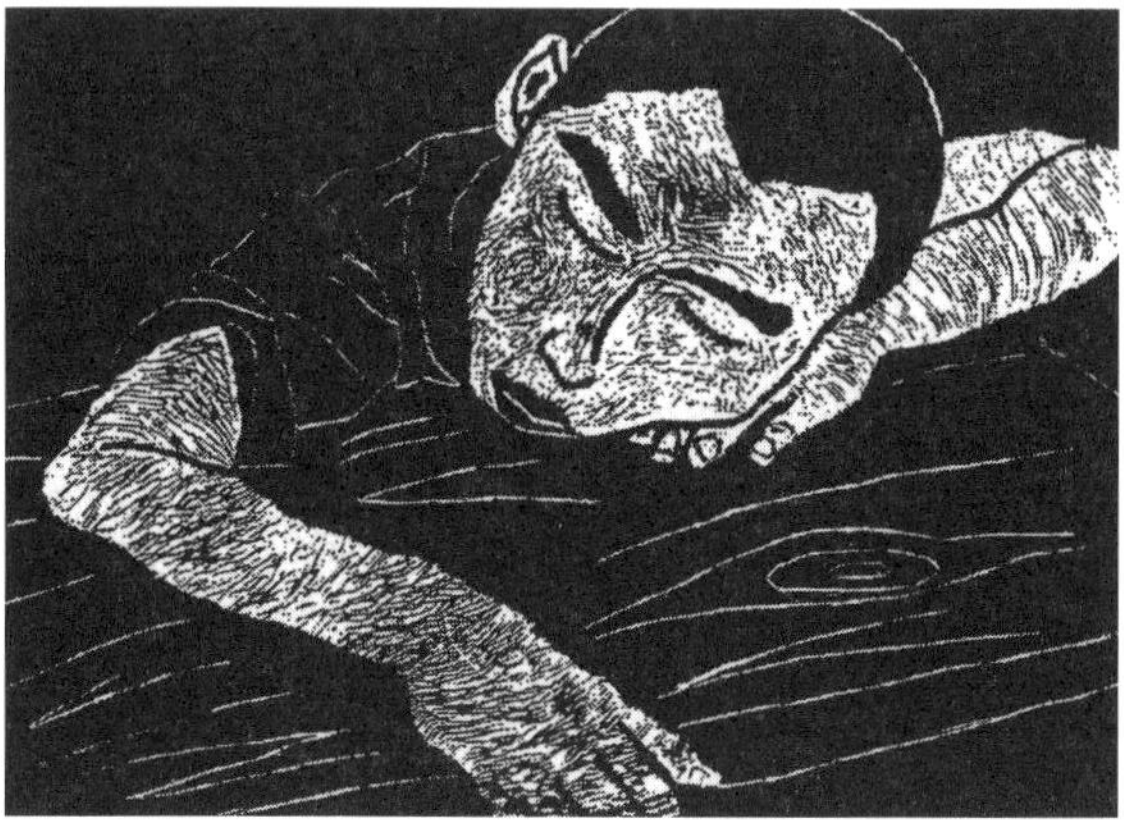

5年「寝ている僕」

一　文学教材を「読む」こととコミュニケーション

文学教材学習の今日的課題

週休完全二日制の実施及び「総合的な学習の時間」の導入等、教育現場は大きく変わってきました。平成一四年より施行された小学校学習指導要領では、国語科においても年間授業時数が年間三四～四五時間削減されました。教育課程審議会の中間まとめにおいて、「従来、文学的な文章の詳細な読解に偏りがちであった指導の在り方を改め」とされたことも各方面を賑わせました。(注一)

これに対して、渋谷孝(一九九八)は、「精読に対応するものは『多読』ではなくて、《粗読》である。精読の指導をすべきか否かは、当該教材の特質と指導目標と年間の配当時間で決まる。指導法の問題であって、指導事項の問題ではない」と指摘し、「文学的な文章の詳細な読解に偏りがち」といった文言を審議会の中間答申で提唱したり学習指導要領のような規制性の強い文章に登場させたりすることを批判していました。精読の指導をするかどうかは、渋谷の言う通り、まさに指導法の問題であって指導事項の問題ではありません。更に、渋谷はこうも述べています。(注二)

一九六〇年代から七〇年代にかけて、「己れを空しくして」文章を正しく読み取らせるべきだという考え方が広まっていった。それは一面では正しいが、問題は文学作品の本質は作品に内包されているものと見なして、文章を時間をかけて詳細に読み進めていけば、何人にも共通な一つの本質に到達出来るという仮説に支えられていた。

「精読」とか「多読」とかは、「当該教材の特質と指導目標と年間の配当時間」において授業者が計画的に配置していけばよい問題です。しかし、渋谷の言うように、作品中心主義の上に立った「詳細な読解」の繰り返しには問題があります。あくまでも読者である学習者が中心となる立場に立って、文学教材学習の指導法について研究を進めていく必要があります。

授業時数の減少と文学教材の精読主義に関する批判は、教科書の内容にも影響を与えてました。例えば、光村図書出版の国語教科書（第六学年）を例にした次のような研究があります。(注三)

文学的文章（物語・詩）に絞った場合、その量は平成八年度版が通巻一〇作品一〇八ページ、平成一四年度版が通巻六作品五五ページで、ほぼ半分に減少している。

逆にスピーチ、討論、プレゼンテーションなど「伝え合い」関連は、平成八年度版では三教材六ページに対して、平成一四年度版は九教材四〇ページと約六・七倍に増加している。

平成二九年度版教科書を例にしてみます。文学的文章教材から、昔話一教材・狂言一教材という伝統文化に親しむ教材を除きます。すると残るのは、「詩を味わおう」という一時間扱いの小単元三つと、「カレーライス」、「やまなし」、「海の命」の物語教材三つとなります。つまり、現在の子どもたちは、教科書教材では、文学作品に出会う機会が少ないのです。さらに、「単元を貫く言語活動」として、教材である文学作品を読む時間は少なくし、同じ作者の他の文学作品を読んだり似たような題材の文学作品を読むといった活動も見られます。一つの文学作品をじっくり読む時間を確保する機会が減っているケースもあるのです。

今、求められるもの

文学教材学習によって学習者は知識を増やすわけではありません。読む力をつけると同時に、ものの見方や感じ方を育み、人格を形成していくという読書・読解の機能を経験することになるのです。「心の教育」が求められる現在であるからこそ、我々はその機能について確認し、それを大切にしていかなければなりません。

現在、子どもたちのコミュニケーションの現状やコミュニケーション力に対して様々な問題が指摘されています。「コミュニケーション教育推進会議審議経過報告」（平成二三年八月二九日）の「子どもたちの現状や課題」の中には、次のような記述が見られています。(注四)

・気の合う限られた集団の中でのみコミュニケーションをとる傾向が見られ、興味や関心、世代の違いを超えてコミュニケーションをとることを苦手と感じ、相互に理解する能力が低下している。相手の話を聞かずに自分の思いを一方的に伝えているにすぎない場合、または同意や反対の意思を伝えるだけで対話になっていない場合が多いなどの指摘もある。

・小・中学校において、児童生徒が不登校となったきっかけと考えられる状況として、友人関係をめぐる問題（いじめを含む）が約二〇％を占める。友達や仲間のことで悩みや心配事があると答えた中学生や、家族、友人などの対人関係に関する大学生の相談が増加しており、近年の若者は良好な人間関係の形成やコミュニケーションに課題があると考えられる。

・パソコンや携帯電話などが広く子どもたちにも普及し、コミュニケーションの手段として活用される一方で、インターネット上での誹謗中傷やいじめなどの新たな問題も発生している。身体性や身体感覚が乏しくなっていることが、他者との関係づくりに負の影響を及ぼしているとの指摘もある。

・コミュニケーションに関する能力と密接に関係すると考えられる思考力、判断力、表現力等についても、課題が見られる。例えば、二〇〇九年のPISA調査結果からは、読解力に関して、情報相互の関係性を理解して解釈したり、自らの知識や経験と結び付けたりすること（「統合・解釈」、「熟考・評価」）が苦手であることが指摘された。また、過去の調査結果からは、読解力や記述式の問題の無答率が高いことが分かっている。

社会構造の変化に伴う価値観や生活パターンの多様化、少子化や地域社会の崩壊、グローバル化が進む「多文化共生」の時代における要請といった現状の中で、子どもたちのコミュニケーション力を育んでいかなければなりません。言語は、コミュニケーションや感性・情緒の基盤であり、国語科においても、コミュニケーションに関する能力や感性を育んだり、情緒を養ったりすることが期待されています。

本章では、コミュニケーション力育成のために文学教材学習がどのように寄与しているのかを明らかにしていきます。

気持ちを読める子に

かつて、発問に対する議論が盛んだった時代に、「『気持ち』を問わない」という考えが広まりました。安易に気持ちを問うことで、工夫のないワンパターンの発問を繰り返してしまうことへの警鐘とも言えました。

しかし、どのような発問をしたとしても、物語の登場人物の心情を検討することなしには、文学作品を読んだことにはなりません。文学作品は、虚構の世界の中で、人間の真理や心情が描かれているものです。読者は、登場人物の行動や思考を読んでいく中で追体験を行いながら、登場人物の心情を想像して読んでいくのです。そして、虚構の世界の中で、登場人物の心情を理解することこそが、他者の心的状態を理解するというコミュニケーション力の基本となるべき力を育てるのです。つまり、登場人物の気持ちを考え想像できる子どもを育てなければならないのです。

さらに、「伝え合い」関連の教材としても、文学的文章を活用することができます。内容の扱い方において、コミュニケーション力の育成を図ることができるのです。それは「文学作品の読みをめぐる話し合い」と言われる「学習者同士の『読み』の交流」を重視していく方向です。

読むことの「交流」

現行の小学校学習指導要領では、各教科等における言語活動の充実を挙げており、国語科においても言語活動例を充実させようとしています。「基礎的・基本的な知識・技能を活用して課題を探究することのできる国語の能力を身に付けさせる」という観点から、言語活動例を見直し、学校や児童生徒の実態に応じて、様々な言語活動を工夫し、その充実を図っていくことが重要であるとされています。

加えて、「交流」に関する指導事項が位置付けられています。例えば、「書くこと」において、書いたものを読み合ったり発表し合ったりする指導事項が位置付けられています。「書くこと」の前提には、読んでもらう相手がいることから、相手との交流が、書くことのまとめとして位置付けられています。

そして、「読むこと」の指導事項(1)には、次のような「交流」の項目オがあります。

〔一・二年〕　文章の内容と自分の経験を結び付けて、自分の思いや考えをまとめ、発表し合うこと

〔三・四年〕　文章を読んで考えたことを発表し合い、一人一人の感じ方について違いのあることに気付くこと

〔五・六年〕　本や文章を読んで考えたことを発表し合い、自分の考えを広めたり深めたりすること

「個人の思考の上に立脚するものであり、考えを交換し共有するためにコミュニケーションは行われる」と定義したとき、「自分の思いや考えをまとめ」、「一人一人の感じ方について違いのあることに気付き」、「自分の考えを広めたり深めたりする」ことは、コミュニケーション力の育成に寄与するものであると捉えられます。

つまり、文学的文章を読んで指導すべきことは、次の二つだと言えます。一つは、作品や登場人物とのコミュニケーションを行って、感想や考えを持つような場を用意することです。もう一つは、感想や考えといった個々の「読み」を級友と伝え合うというコミュニケーションによってそれを共有し、「一人一人

の感じ方などに違いがあることに気付いたり」「自分の考えを広げたり」する場を用意することです。

〈付記〉 平成三二年度全面実施予定の小学校学習指導要領では、指導事項が次のように変更されています。（注五）

〔一・二年〕オ　文章の内容と自分の経験とを結び付けて、感想をもつこと

カ　文章を読んで感じたことや思ったことを共有すること

〔三・四年〕オ　文章を読んで理解したことに基づいて、感想や考えをもつこと

カ　文章を読んで感じたことや考えたことを共有し、一人一人の感じ方などに違いがあることに気付くこと

〔五・六年〕オ　本や文章を読んで理解したことに基づいて、自分の考えをまとめること

カ　文章を読んでまとめた意見や感想を共有し、自分の考えを広げること

一つの項目オだったものが、「感想や考えをもつこと」と「それを共有すること」の二つに分割されています。⑵の言語活動例には、それぞれ「内容や感想などを伝え合ったり、演じたりする活動」、「内容を説明したり、考えたことなどを伝え合ったりする活動」、「内容を説明したり、自分の生き方などについて考えたことを伝え合ったりする活動」とあります。また、次のように解説されています。

「共有」とは、文章を読んで形成してきた自分の考えを表現し、互いの考えを認め合ったり、比較して違いに気付くことを通して、自分の考えを広げていくことである。（三七ページ）

共有するとは、互いの思いを分かち合ったり、感じ方や考え方を認め合ったりすることであり、感想などを書

いて読み合ったり発表したりするなど様々な言語活動によって行うことが考えられる。（七二ページ）

共有し、一人ひとりの感じ方などに違いがあることに気付くとは、同じ文章を読んでも、一人ひとりの感じ方などに違いがあることに気付くとともに、互いの感じたことや考えたことを理解し、他者の感じ方などのよさに気付くことが大切である。（一一一ページ）

文章を読んでまとめた意見や感想とは、文章の構造と内容を把握し、精査・解釈することを通して、意見や感想をもつことである。また、**自分の考えを広げる**ためには、互いの意見や感想の違いを明らかにしたり、互いの意見や感想のよさを認め合ったりすることが重要である。（一五〇〜一五一ページ）

「共有」という項目が入ったことで、考えを交換し共有するために行われるという、コミュニケーションの場が更に重視されていることが分かります。そして「思いを分かち合う、理解する」、「他者の感じ方のよさに気付き、認め合う」といった他者の感じ方を理解し尊重する方向に向かっていることが窺えます。

「真正のコミュニケーション」を求めて

「コミュニケーション」はラテン語に由来しており、「分かち合うこと」を意味していると言われます。「コミュニケーション」という表現は様々な用いられ方をします。

深田博己（二〇〇一）は、「コミュニケーションとは、あるシステムから別のシステムへの符号による情報の移動を含む過程である」と定義しています。そして、コミュニケーションの概念は、「相互作用過程、意味伝達過程、影響過程」の三つのタイプに統合できるとしています。（注六）

「相互作用」ということについて、岡田敬司（一九九八）は、「教育は効果のある相互作用を通して、というだけでなく、本物のコミュニケーションを通してなされなければならないのではないか」として、次のような指摘を行っています。（注七）

会社や役所のコミュニケーションは、それで仕事の能率が上がればよいが、家庭や学校のコミュニケーションは「人間の理解」を必ず伴っていなければならない。そして、これこそ真正のコミュニケーションと呼ぶべきだと思える。後に述べるように、人間は理解されることによって、自分を、そして相手をも理解するようになるし、人間世界をも理解するようになるからである。人間形成と教育においては仕事の達成（知識や技術の獲得による世界への適応）さえ、その成否が「人間の教育」にかかっている。

組織の目的（仕事）を達成するための道具的コミュニケーションに対して、真正のコミュニケーションがあるというのです。そして、それは、「人間の理解」を伴うものと定義しています。また、次のような指摘も行っています。

言葉は気持ちを表現することもできるし、客観的に事柄を描写することもできる。この点、言葉は「分かり合う」という二つの側面をカバーする資格がある。これまで述べてきた言葉の共有は、語彙と文法の共有だけでなく、それらを用いて表現される対象世界の共有であり、さらには主観的世界の社会的世界化による「気持ちの共有」でもあった。

昨今、コミュニケーションの断絶や生活の私事化の傾向が指摘されているが、これは文字通りコミュニケーションが途絶えてしまうのではなく、「言葉は行き交っているが、気持ちが伝わらない」事態を嘆いているのであろう。社会的、経済的システムに組み込まれたコミュニケーションはますます複雑化し、増殖していくが、それは気持ちを伝えたり、分かち合ったりすることからますます遠くなっていく。

岡田は、「学習のコミュニケーションのすべてにおいて心の響き合いを実現しなければならない」とし、気持ちを分かち合うコミュニケーションを日々の教育で実現することを求めています。そのために、「見解の一致を共に喜び、相違を相互刺激による発展の資質として大切にし、受け入れる中で」心の響き合いを実現させることを望んでいるのです。

国語教育の分野では、西尾実(一九七五)が、コミュニケーションの訳語を「通じ合い」としました。(注八)平成四年度学習指導要領からは、コミュニケーション力を「伝え合う力」とほぼ同義に用いるようになりました。その際には、「伝え合い」ではなく、「通じ合い」という言葉にするべきではないかという声が聞かれました。そこには、「伝え合い」は、道具的コミュニケーションで事足りてしまうという考えがあったのではないでしょうか。気持ちを分かち合い、心を響かせ合う真正のコミュニケーションを求めた人々は、「通じ合い」という言葉を支持したのだとも考えられます。(注九)

前出の「コミュニケーション教育推進会議審議経過報告」では、「コミュニケーション能力の捉え方とその育成」について、次のようにまとめています。

○ コミュニケーション能力を、いろいろな価値観や背景をもつ人々による集団において、相互関係を深め、共感しながら、人間関係やチームワークを形成し、正解のない課題や経験したことのない問題について、対話をして情報を共有し、自ら深く考え、相互に考えを伝え、深め合いつつ、合意形成・課題解決する能力と捉え、多文化共生時代の二十一世紀においては、このコミュニケーション能力を育むことが極めて重要である。

○　コミュニケーション能力を学校教育において育むためには、

①　自分とは異なる他者を認識し、理解すること、

②　他者認識を通して自己の存在を見つめ、思考すること、

③　集団を形成し、他者との協調、協働が図られる活動を行うこと、

④　対話やディスカッション、身体表現等を活動に取り入れつつ正解のない課題に取り組むこと、

などの要素で構成された機会や活動の場を意図的、計画的に設定する必要がある。

文学作品という虚構の世界の中で、自分とは異なる他者である登場人物の心情や行動を読むことは、登場人物の人間理解を伴う真正のコミュニケーションにつながる行為です。また、教室で、登場人物の生き方等の経験したことのない事柄や正解のない問題を話題として設定し、読むことを通して自分なりに感じたり考えたりしたことを交流し合うことは、物語や登場人物を仲介とした学習者間のコミュニケーションを成立させることにつながります。それらを通じて、学習者は、自己の既有知識や既有体験を振り返りながら、他者の生き方や他者の読み方に触れることとなるのです。

「読み」は子どもによって違う

文学作品を読む場合、小学校低学年では、高学年に比べて道徳的に善し悪しを判断して受け止める「道

徳読み」をしている割合の高いことが分かっています。(注十)また、柴田直峰(一九九三)は、「物語理解にとっても、登場人物になりきってその行為を把握したり心的状態を推測する参加者的理解と、物語から距離をとって全体の主題を読み取る観察者的理解の二つのモードがあると考えられる」ことを述べ、小学校高学年の方が観察者的理解のモードを発達させているという調査結果を示しています。(注十一)年齢や発達段階の違いに加え、性別の違いもあります。

なにより、人によって感じ方や考え方は違うものです。それは、「読む」ということは、「各自が、文章の情報と自分の生活体験や既有体験の投影された知識とをやり取りしながら、能動的に意味を作っていく営み(注十二)だからです。従って、体験や価値観、生き方の異なる一人一人の「読み」は、個性的で、そこには、外面からでは分からない内面思考が現れてきます。

以上から、文学作品に出会ったとき、子どもはその子なりの感じ方・考え方でその作品を読んでおり、同じ作品を読んでも、「読み」は子どもによって違うということが言えます。

なお、ここで述べている「読み」とは、音読や黙読等の行為に限定することなく広くとらえ、読むことによって思考・想像・鑑賞等を行うことも「読み」ということばに含めています。そして、文学教材に触れたときの、その子の着目する点・見方・感じ方・考え方等の情意面も、その子の「読み」の傾向に含めて考えていくことにします。

西尾実(一九七六)は、文学に出会った時の「直観的な」読みを「第一次鑑賞」としています。そして、それを読みの出発点として位置付け、直観的、情意的把握である鑑賞は、知識的な理解に先立って行われるとして、次のように述べています。(注十三)

鑑賞は主体的、個人的な価値意識として現れる、好きか、嫌いか、そのいずれでもないか、というような、個人的、主観的な好き・嫌いに過ぎないにもせよ、それは、その時その場における、その鑑賞者にとっては絶対的な事実である。〔中略─引用者〕そこに、作品と読者との直接交渉が成り立っているのである。

西尾は、「鑑賞」は「鑑賞者にとっては絶対的な事実」である「主体的、個人的な価値意識」として現れるとしています。「作品と読者との直接交渉」から生じた直観的、情意的把握である鑑賞が、その後の学びの基盤となることを説いているのです。鑑賞すなわち情意的直観は、まさに「主体的・個人的」なものです。「読む」ことの学習では、自分なりの感じ方や考え方から生じた感想や疑問あるいは問題意識こそが礎であり、出発点であるとしているのです。

作品と出会ったとき、子どもたちは作品の内容的価値を直観的に把握し、登場人物に興味関心を持ったり行動や展開に疑問を感じたりしています。そのような情意的直観は主体的、個人的なものであり、「読み」の活動を個性的な解釈や批評へと発展させる基盤となるものと言えます。

「読む」ことは、作品や登場人物とのコミュニケーション

文学作品を読む場合、作品中に、「物事が言われずになっているところ、あるいは間隙があるところ」があると、読者は感じます。それは、読者論における「空所」理論と呼ばれるもので説明されます。空所によって、読者はそのテクストを補完するように誘発されます。(注十四)

浜本純逸(一九九〇)は、「筋の展開の分かりにくい部分や飛躍のある部分は、空所と呼ばれる。」と解説

し、「この空所には、読者の人生観を賭けたさまざまな補い方が可能であろう。」と述べています。また、飛躍のある展開は「人物の行動の変化として現れる。」とし、文学作品の登場人物の「行動の変化」として現れると述べています。（注十五）

柴田直峰（一九九三）は前掲の論文の中で、「登場人物の心情の理解は、他者の心的状態を理解することである」として、次のように述べています。

他者になってみることが共感性を高めると指摘されている。他者と同じ経験が自己に起こっている場合を想像することが共感を喚起し、他者との類似経験を想起することが共感性を高める。他者になってみることは、自己の視点を他人の視点に重ね合わせることに他ならない。

読者は、自分なりに作品中の「空所」を補おうとします。そのために、文章の情報である作品の叙述を手掛かりに、自分の「人生」を通して培ってきた生活体験や既有体験の投影された知識とをやり取りしながら、「人物の行動の変化」を意味づけようとしていきます。そして、行動を変化させた主人公の心情を理解するために、他者と同じ経験が自己に起こっている場合を想像し、自己の視点を他人の視点に重ね合わせているのです。

学習者と作品や登場人物とのコミュニケーションとは、登場人物の心情を理解することだとも言えます。「他者の心的状態を理解すること」とは、まさに他者とコミュニケーションを行うときに必要な、大切な能力です。

「読み」の交流はコミュニケーションの場

文学教材から話題を設定し、感想や考えといった個々の「読み」を級友と伝え合うことを『読み』の交流」と言っています。そこには、ある話題や学習課題を設定し、それについての考えや根拠・理由を出し合う、いわゆる「文学作品の読みをめぐる話し合い」と言われるものも含まれます。

全くの個別学習では、大切な学びの場である「学習者同士の『読み』の交流」が成立しません。学習者は、自ら個人追求することによって、他の学習者の「読み」を聞き相違点に気付くための観点を形成することができるのです。自らが追求していない作品については、他の学習者の「読み」を聞こうとする意欲や関心が少なくなることが予想されます。それに、聞いても理解することは難しいでしょう。

コミュニケーションの場ということについて、大澤真幸(一九九四)は次のように述べています。(注十六)

私がこの私であるという自同性の内に、他者性が含意されている、ということである。言い換えれば、自己の単一性は、それ自身、他者との関係でもあるのだ。外見上孤独の内になされているように見える、どのような行為、どのような認識も、他者の存在を前提にしてしまうのであり、他者への関係を内包している。とはいえ、関係は、さしあたって即自的な前提になるだけである。関係を即自的な様態に止めるのではなく、さらに対自化し、積極的に構成しようとしたときには、その関係は、コミュニケーションの形態をとる。

大澤によれば、自己認知を可能にするためには他者と関係性をもつことが必要となります。それは、自己が絶対存在たる他者として認知されていることを了解し、自他の関係性を把握する「第三者の審級」(直接的に対面する自他の存在を超えた超越的な意味づけの規範）が形成されることによって成立します。自己を同定する行為は絶対的な他者認識なしには成立しないと言うのです。

「読み」の交流のような場面を設定することは、コミュニケーションの形態をとる関係を構成することになります。絶対基準が自己であれば判断できないということや、他者あればこそ自己が確立するということから、学級全員で同一教材を「読み」、交流し合うことには、十分な意義があります。

「読み」の交流は、個々の相違に気付いたり友達の発言によって自らの考えを発展させたりすることを誘発し、「自己認知や視座転換による自己変容」の契機と成り得ます。教室では複数の学習者がいるからこそ啓発し合うことが可能となり、発見や喜びが存在するのです。

では、視座転換とはどのような概念なのでしょうか。視座転換について岡田敬司（一九九八）は次のように述べています。（注十七）

> 視座転換能力、すなわち相手の立場に立ち、相手の考えの文脈に内在する能力は、認知能力そのものとは独立した能力である。（中略―引用者）真剣な討論過程、傾聴を伴う討論過程は、おのずと視座転換能力を促す。討論する主体は、自己の存在としての規制に準拠することで、発言することが可能になる。ところが他者と相互に批判的な議論を交わしているとき、この外向きで他者にばかり向かっていた批判のまなざしが、内向きに自己に向かうことがある。このとき、主体は一時的に、自己の自明な規制の視座を離れて、他者の視座に立っている。この視座転換があればこそ、他者との討論は単なる他者攻撃に終始するのではなく、互いの成長に結び付くのである。

藤森裕治（一九九九）は、視座転換の意義について、次のようにまとめています。（注十八）

経験的な事実の連続においてしか規制（合意的真理）が成立しないのであれば、討論の発言者は、さしあたり、自己の経験則に準拠した次元において行為するしかない。しかしこの行為は、同じメカニズムによって行為する他者への開示によって相対化されてしまう。そのとき、他者の準拠するものが自己のそれに否定や修正を促すとき、主体は自己の準拠してきた自明の規制を問い直すことになる。これが視座転換であり、自己変容（成長）の契機である。

「読み」の交流は、コミュニケーションの形態をとる関係を構成するものです。また、自己の経験則や価値観が肯定されたり揺さぶられたりする場となります。自己の経験則や価値観を準拠に物語の主人公の視座に立ってきた学習者が、更に他の学習者の視座によって否定や修正を促されたとき、自らの「読み」を問い直したり「読み」を広げたりする姿が期待できます。自己認知を可能にし視座転換による自己変容を促す場になり得るのです。

「読み」の交流というコミュニケーションの意義

藤森裕治（二〇〇七）は、「文学作品が話し合いを活性させる三つの理由」として、次の三つの理由を示しています。（注十九）

〈理由１〉文学的文章には、解釈の多様性をもたらす仕掛けが存在しているから
〈理由２〉文学的文章は、本質的な次元ではある種の共通した感覚をもたらすから
〈理由３〉文学的文章の読みをめぐる話し合いは、逸脱という事態を促進するから

そして〈理由２〉の解説の中で、次のように述べています。

充実した話し合いが成立するためには、いかに厳しい議論を交わしても、根本部分では互いにつながっているという感覚が絶対に必要です。そうでないと、ときに話し合いは人間関係を破壊し、深い恨みを残したりします。ところが文学的文章の読みをめぐる話し合いの場合、読者として存在する子どもたちはある種の非日常性（実在の生活者というより作品の読者であるという立場。民俗学ではハレの場といいます）を共有していることが前提となります。そのような場では、いくら厳しい議論を重ねても、人間関係を破壊しません。読者たちは、議論を交わして文学作品に埋め込まれた世界の深さを思い知り、ことばによって産み出された世界への感動を静かに広げていくことになります。

一般的な話し合いには、話し合いを行う者同士の利害関係や人間関係が係わってくる場合があります。ところが、作品の読者として話し合う「読み」の交流の場合には、メンバーの利害関係や人間関係にとらわれることなく話し合うことを可能にするというのです。

また、自分のことであったら話しづらいと感じる内容であったり、本音を出しづらいような内容であったりしても、作品世界や登場人物に託して話すことで、口に出せるという面もあります。そう考えると、

「読み」の交流の場面であればこそ、その子の内面世界や個性が現れてくる可能性があるのです。
これらのことは、松本修（二〇〇一）が「文学を読むこと、その読みを交流すること、この二つの活動を推進することそのものが文学教育の目標である。」（注二十）と述べていることにも通じると思われます。

文学テクストを読む過程で与えられる伝達行為の擬似的な体験は、それが現実のコミュニケーションそのものとは異なる架空のものであることによって、逆説的に、現実のコミュニケーションの力をつける。生々しい現実の問題や現実の人間関係からは一応離れた話題（それぞれの解釈や解釈過程）について語ることは、伝える行為に必要な能力を身につけさせるための典型的な学習の場として機能する。

松本は、「文学の読みとその交流」は、「世間話」と似た性格を持ち、対人コミュニケーションの本質を学習する場として機能し得ると述べています。文学教材から話題を設定し、感想や考えといった個々の「読み」を級友と伝え合う「読み」の交流は、人間関係や利害にとらわれることなく、個々の相違に気付いたり友達の発言によって自らの考えを発展させたりすることを誘発することが可能となるというのです。
府川源一郎（二〇一三）は、「人間関係を育む言語活動」と題した論述で、次のように述べています。（注二十一）

たとえば、文学作品を読み合ったとしよう。その時、読み手は、普段の生活では出会いにくい思考や感覚をテクストの上に見出すだろう。日常的な言語と異なる言語世界に触れることで、それぞれの内部に新しいことばが生まれ、あるいは、それまで触れることのなかった別の世界の存在に気がつく、（中略—引用者）それをめぐって相互に感想や意見を交流し合うことによって、いつも触れ合っている友だちの別の側面が表出される。

読み手が文学作品を読むことで得た「新しいことばや別の世界」を話題にして、「相互に感想や意見を交流し合う」時には、「いつも触れ合っている友だちの別の側面が表出される」というのです。

以上のことから、「読み」の交流の場面は、学習者同士の内面世界や個性をも交流する場面であると言えるのではないでしょうか。「読み」に現れるように、人によって違う多様な考えや感じ方が世界に存在しています。そのことに気付き、お互いの世界を分かり合うことは、コミュニケーションのもつ目的の一つに他ならないのです。

「読む」力をつけながら、様々な読みの存在に気付いて、文学作品を読むことの面白さを実感できるようにしたいものです。仲間の内面世界や個性について新しい発見をしていくための基礎づくりとなり、仲間と言葉を通してコミュニケーションすることのよさを知ることができるような学習の成立を目指したいと考えます。

個々が自分の「読み」を持っていることがコミュニケーションを可能にする

コミュニケーションは個人の思考の上に立脚すると言われます。個々人がそれぞれ考えを持っているからこそ、それを交換し共有するためにコミュニケーションは行われるというのです。

考えを持つためには、まず個々が空所を課題化し、自らの課題を自らが追求する時間をとることが大切です。学習者と作品や登場人物とのコミュニケーションを深め、「読み」の交流で級友とコミュニケーションを行うためには、各自がまず主体的にテクストに係わり、自らの「読み」を生成していく必要があるのです。「読み」には、その子の生活体験や経験が反映されます。その子なりに、登場人物の心情や考えを理解しようとしながら読み進め、作品や登場人物とのコミュニケーションを行い、十人十色の「読み」をさせておきたいと思います。そのことが、個々それぞれの「読み」を交換し共有するためのコミュニケーションを可能とします。

鈴木昭壱(一九八八)は、「課題学習」という言葉を説明する中で、次のように述べています。(注二十二)

問答法による教師主導の指導からの脱却をめざし、学習課題を設定し課題追求の学習を展開することにより、授業に積極的に参加させ、授業を活性化させようとする指導法をいう。

国語科の課題学習は、社会や理科の課題学習とは異なり、学習課題を解決することのみに価値があるのではなく、設定された学習課題に対して学習者が自らの解釈を打ち立て、その適否を叙述に即して追求するところに意義がある。

「自らの解釈を打ち立て、その適否を叙述に即して追求するところに意義がある」という「国語科の課題学習」の特質を説明している部分には頷けるところが多いと思います。他者の解釈を知識として与えられることは「読み」の力を高めることには結びつきません。あくまでも、「自らの解釈」の適否を「叙述に即して」追求する主体的な学習が必要だからです。個人での追求も、「読み」の交流でも、考えの基となる叙述を明らかにしていくことが必要です。

「読み」の交流を行うための場の設定

「読み」の交流では、子ども達が各自の「読み」を伝え合うために、「誰でも自分なりに係われ」、「多様な考えが出される」ような話題を用意したいと思います。まず共通の土俵に立たせることが必要です。各自の考えを聞き合う中で、子どもたちは、「自分と同じ・似ている・ちょっと違う・違う」といった判断をしています。「違いをはっきりさせる」ために、授業者が、板書等で考えを分類整理してあげることが必要です。

牧島亮夫(一九九四)は、「違いに価値を置く指導」として、個性を生かす教育のポイントは一人ひとりの子どもの理解の仕方に価値を置くことだとし、次のように述べています。(注二十三)

例えば、「大造じいさんとガン」で、北に飛び去る残雪に大きな声で呼びかけ、「晴れ晴れとした顔つきで見守る」じいさんの気持ちを読み取るとき、ガンに呼びかける言葉の中の、特にどの部分の叙述に共感しているかは個々に異なる。A児は「ガンの英雄よ」、B児は「おれはひきょうなやり方でやっつけたかあないぞ」、C児は「また堂々と戦おうじゃないか」のように、それぞれ相手や自分自身や係わり方に価値を置いた異なる叙述に共感しながら、じいさんの気持ちを読み取っている。したがって、まずこうした個々の理解の仕方の違いに教育的価値を置くことが教育の前提になる。更に叙述の吟味を加えながらお互いの理解の仕方のよさに学び合う過程で、自分の読み取りを深め、確かな理解力が培われていく筈である。

このように「自らの課題」は、まず教材との係わり方の違いが保障され、更に自分の理解の仕方のよさが引き出され、追究していく過程で成立する内面の問題である。したがって、個に即し個性を伸ばす教育は、学習の内面過程に指導の視点が向けられないと成立しない。

子どもは、ある課題に取り組む時、自分の感性によって自分なりに探究を続けていき自分なりに表現することになります。そこにその子どもの個性が表れます。その個性とは個々の内面世界の反映です。個性をとらえるためには、子どもの内面（その子を支える情意）への着目が必要なのです。更に、出された考えをもとに、「対立・拮抗場面が生じるような発問」や「子ども達が解決したいと願う事柄や気付いていなかった叙述に関する発問」を行うことによって、個々の相違に気付いたり友達の考えによって自らの考えを発展させたりすることが誘発できるのではないかと考えます。そのことは、より登場人物という他者の気持ちに深く入っていくきっかけともなります。

教室では複数の学習者がいるからこその発見や喜びがあります。文学教材から話題を設定し、感想や考えを級友と伝え合うことは、個々の相違に気付いたり友達の発言によって自らの考えを発展させたりすることを誘発します。そのことは、「自己認知や視座転換による自己変容」の契機と成り得ます。

友達の考えを聞いて、それをきっかけにしたりヒントにしたりして、考え・発言する姿も見られます。問題意識を持つ子ども達は、自分で選択して係わり合っていけるという言語機能をそこに見ることができます。そして、聞いたことを受けて共感し発言すること、これはコミュニケーションにおける大切な基礎力の一つとなります。

また、教師の評価、あるいは子ども同士の相互評価という面からも、「いいと思った友達の考えとその理由」について、子どもに意識させたり記録させておくことは意義があるのではないかと考えます。そのための支援としても、子どもの発言を記録し、分類するための板書の工夫が必要となります。

単元を貫く言語活動と「読み」の交流

単元を貫く言語活動ということが、言われるようになっています。「言語活動の充実に関する指導事例集【小学校版】」第三章(2)教科等の特質を踏まえた指導の充実及び留意事項〈国語〉から部分的に引用しながら考えを述べていきます。(注二十四)

「話すこと・聞くこと」、「書くこと」及び「読むこと」の各領域では、日常生活に必要とされる記録、説明、報告、紹介、感想、討論などの言語活動を行う能力を確実に身に付けることができるよう、継続的に指導することとし、課題に応じて必要な文章や資料等を取り上げ、基礎的・基本的な知識・技能を活用し、相互に思考を深めたりまとめたりしながら解決していく能力の育成を重視する。

「読み」の交流の場面は、「説明、紹介、感想、討論」といった言語活動を行う場面です。「課題に応じた文章」の一つである文学作品をもとにしながら、話題に沿って、それぞれの「読み」を表出していきます。その活動を通して、「読み」の相違に気付いたり、文学作品の新たな叙述の存在や価値に気付いたり、級友の人間性についての新たな発見をしたり、自己受容や視座転換をしたりしながら、「相互に思考を深めたりまとめたりしていく」ものです。まさに、ここに取り上げられている能力を育成していけるものだと言えるでしょう。

学習指導要領の内容の(2)に示す言語活動例を基に、具体的な言語活動を通して指導事項を指導することが大切である。その際、「ここで音読する」「ここで話し合う」といったばらばらの活動ではなく、児童が自ら学び、課題を解決していくための学習過程を明確化し、単元を貫く言語活動を位置付けることが必要である。

「児童が自ら学び，課題を解決していくための学習過程」を明確化することが挙げられています。「自ら課題を見つけ、自ら学び、自ら考え、主体的に判断し、行動し、よりよく問題を解決する資質や能力」を育成することが、学習指導要領で言われる「生きる力」を育成することにつながります。つまり、課題解決能力の育成を目指すということです。「音読」や「話し合い」は、特に文学教材の学習を進めいく上では、必要不可欠の活動と言えるでしょう。それらが指示等によって「やらされる」のではなく、ある目的を達成するため自ら行うようにすることが課題解決能力の育成につながります。そう考えると、「単元を貫く言語活動を位置付けることが必要である」ということは、児童が課題をもちそれを解決するための道筋を示すことのできる言語活動を位置付けることが必要となります。

このような単元構想を進めるためには、年間指導計画と児童の実態とを踏まえて、【1】当該単元で重点的に指導すべき指導事項を確定する、【2】その指導事項を指導するのにふさわしい言語活動を選定する、【3】言語活動を位置付けることで育成すべき国語の能力の一層の明確化・具体化を図る、【4】それら育成すべき能力を身に付けるための指導過程を構築する，といった手順で考えていくことが有効である。

前学習指導要領に対しては、「言語活動はあるものの、どんな力をつけるのかが不鮮明」、「言語活動そのものを行うことが目的となってしまい、児童にとっての目的意識や必要感が不明確」といった批判が出されていました。それらを克服しようと、指導事項から出発する手順について述べているのでしょう。

特に「C読むこと」においては、指導事項に示す読むことの内容を児童に確実に身に付けるため、無目的に場面ごと、段落ごとに平板に読み取らせる指導を改善することが求められる。すなわち、児童自身にとっての読む目的を明確にして本や文章を選んだり、目的に応じて内容を的確にとらえたり、自分の考えをまとめて交流したりするなど、児童に必要な読む能力を調和的に育成することが重要である。

いわゆる「詳細な読解」批判だと思われます。「目的」をもった学習にすることや「自分の考えをまとめて交流する」ことが求められています。

「読むこと」よりも、言語活動そのものを行うことが目的となってしまう等、「単元を貫く言語活動」を取り入れた文学教材学習指導について危惧の念を抱いているという多くの声が聞かれます。(注二十五)しかし、「教師主導で作品中心主義の読解指導」から「学習者の多様な『読み』が保障される学習」への転換については、進めていかなければなりません。

「読み」の交流の場面を設定して、「自分の思いや考えをまとめ」、「一人一人の感じ方について違いのあることに気付き」、「自分の考えを広めたり深めたり」して、コミュニケーション力の育成を図っていきましょう。そのために、学習者が自らの空所を課題として追求し、交流のための自分の「読み」を形成していける課題解決的な学習過程を構築していく必要があります。そんな学びのできるような単元を貫く言語活動を設定していく必要があります。学習指導要領に示された言語活動例はあくまでも例示であり、「これらのすべてを行わなければならないものではなく、それ以外の言語活動を取り上げることも考えられる。」とされています。

「読み」の交流に関する指導事項とそれを指導するための単元を貫く言語活動としては、例えば、次のようなものが考えられます。学年や、教材の特質及び児童の実態によって、意識させるゴールや学習過程が変わってきます。

〔一・二年〕文章の内容と自分の経験を結び付けて、自分の思いや考えをまとめ、発表し合うこと

↓登場人物の行動や気持ち、場面の様子を想像しながら演じよう。

↓登場人物の行動やその時の気持ちについ想像し、友達と考えを伝え合おう。

↓作品を読んだり友達と一緒に考えたりして、登場人物の行動について考えたことや思ったことを登場人物に手紙で伝えよう。

〔三・四年〕文章を読んで考えたことを発表し合い、一人一人の感じ方について違いのあることに気付くこと

↓物語を読んで、感想交流会を開こう。

↓物語を読んで、自分の疑問を解決したり、登場人物の人間像について友達と話し合ったりして、感想を書こう。

↓登場人物の気持ちの変化について、叙述を基に考えたことを発表し合って、考えの違いを見つけよう。

〔五・六年〕本や文章を読んで考えたことを発表し合い、自分の考えを広めたり深めたりすること

↓登場人物の心情や生き方について、自分の課題を解決したり、友達と考えを交流したりして、考えを紹介文にまとめよう。

↓自分の課題を解決したり、登場人物の関係や題名について友達と考えを交流したりして、

学んだことを二次感想文にまとめよう。

〈付記〉

平成三二年度全面実施予定の小学校学習指導要領では、「読むこと」の学習における言語活動が「ア説明的文章教材・イ文学的文章教材・ウ図書館利用」の三つに整理されて例示されています。「イ文学的文章教材」での言語活動は、次のように例示されています。

〔一・二年〕　読み聞かせを聞いたり物語などを読んだりして、内容や感想などを伝え合ったり、演じたりする活動。

〔三・四年〕　詩や物語などを読み、内容を説明したり、考えたことなどを伝え合ったりする活動。

〔五・六年〕　詩や物語、伝記などを読み、内容を説明したり、自分の生き方などについて考えたことを伝え合ったりする活動。

細かい活動例を排除することで、より授業者の創意工夫ができる方向になっていることが分かります。また、「共有」を大切にするために「伝え合う活動」を行っていく方向になっていることが分かります。

文学教材を「読む」ことと学力

国語学力のとらえと定義については、様々なものがあります。例えば、齋藤喜門（一九九一）は、次項のように、国語学力を「二類四層」の体系としています。（注二十六）

齋藤は、「ひとり学び（自己教育力）」における国語学力体系を明らかにしようとしています。そのため、課題解決能力を重視し、国語学力に明確に位置付けています。「A基礎的基本的能力」が言語能力なのに対して、「F課題解決能力」は目的能力であるとしています。「言語力」や「ことばの力」としての学力と、「学習を推進していく力」としての学力の二つが柱となっています。

- A基礎的基本的能力
  - B基礎的知識
  - C基本的能力
    - D表現に関する基本的能力
    - E理解に関する基本的能力
- F課題解決能力
  - G学び方技能
  - H実践能力（総合応用能力）
    - Iまとまった文章や話の表現実践能力
    - Jまとまった文章や話の理解実践能力
      - K目標・課題設定能力
      - 解決能力
        - L解決計画能力
        - M解決推進能力
      - N結果の評価能力

※　二類AFは次元を異にする。BはCの、CはGの、GはHのそれぞれの基礎をなし、Bを基底として層をなす。また、学び方の技能として、次のようなものがあげられている。

①課題把握の技能　②課題解決構想技能（砕き方）　③メモ・記録の技能　④要約・抜粋の技能
⑤ノート活用の技能　⑥速読の技能　⑦辞書・参考図書・資料活用の技能　⑧図表作成の技能
⑨レポート作成の技能　⑩口頭発表の技能　⑪話し合い・討議の技能　⑫書写技能　⑬反省評価の技能

この「ひとり学び」という学習方法を行うにしても、集団での「読み」を取り入れることは必要です。

個性は、集団での係わりや言葉の規範との照合により確立してくるからです。また、自己を同定する行為は絶対的な他者認識なしには成立しないからです。つまり、学習者が主体的に取り組み、力をつけていく「読み」の学習には、「個の『読み』の保障」と「『読み』の交流」の両面が必要となります。

「個の『読み』」とは、読み手個々がテクストに対して、自らの疑問をぶつけ、その答えをテクストの叙述の中から自ら見出していく「読み」です。それは、自ら空所を生み出し、補填していく「読み」と言えます。「個の『読み』の保障」とは、その子なりの「読み」、テクストとの係わり方や理解の仕方について認めながら支援することであり、個人で追求する「ひとり学び」の時間を確保することです。学習者はテクストと出会った時に、その子なりの感じ方・考え方でそれをとらえ、その自分なりのこだわりを基にしながら新たな叙述や考えを見出していきます。そして、級友の発表を聞くためには、自己の「読み」の確立が必要となります。それは、自分なりに個人で追求してきたことで、聞く視点を形成しているからです。

また、「『読み』の交流」とは、自らが読み取ってきた叙述や考えを出し合って、お互いのよさに学び合い、違いに気付いていくための場となります。自分の個別性に気付き、自分が位置付けられることで自信を持ち意欲的になってくることが期待できます。そのためには、教師は誰もが係わる共通の場面を設定しなくてはなりません。その子らしさが表れるように発問・板書を工夫し、共通点や相違点が分かるように分類・整理して個々の考えを位置付けることにより、個々の読み取りの違いを大切にすることが可能となります。また、自分と違う価値観に出会うことで自らの追求を見返させ、吟味や問い直しによって自分の気付かなかった叙述や考えに対面させることができます。

自己の「読み」と他者の「読み」との関係について、府川源一郎（一九九七）は、「読者論的な『読み』

は『自分勝手』に読むことだという理解は基本的に正しく、問題は『自分勝手』がどこから出てくるか」であるとし、次のように述べています。（注二十七）

「自分勝手」は真空の中で発生するわけではない。それは読み手とテクストの緊張関係の中で生まれるのだし、テクストの仕掛けとの対話を通してのみ現象する。加えて、「自分勝手」とは、他人の読みと対照することによって名付けた呼称である。他者の読みとどう違い、どこが同じか、という関係の中でしか、それが「自分勝手」であるかどうかは判定できない。つまり読みとは常に、時間的にも空間的にも、自分以外の読みとの交響関係の中に定位されているのだ。

他者の「読み」とどう違い・どこが同じかという関係の中で、自分の考えの個別性が見えてくるというのです。それに関して浜本純逸（一九九七）は次のように述べています。（注二十八）

私は、「自分勝手読み」を超えるには、作品構造との徹底した対話と自己の読みに変容をせまる「読みの交流」の二つのことが必要であると考えている。

浜本の言葉を借りれば、「個の『読み』の保障」とは、作品構造との対話をねらうものです。また、「『読み』の交流」とは、「自己の読みに変容をせまる『読みの交流』という対話」なのです。両者ともに、個々の「読み」の成立のためには、作品との対話のみならず、他者の「読み」との交流が必要性であることを説いています。

自分自身の課題を解決しようと学習することにより、自らの「読み」を確立した学習者は、それを他者の「読み」と比べることにより、「読み」の多様性に気付き、自他の「読み」を自覚化・相対化してとらえられます。場合によっては自己の「読み」の変革も期待できます。ここに、個の「読み」の力を育てるための他者の「読み」との交流の意義が認められます。教室における集団での「読み」の意義が見出されるのです。

齋藤の学力体系を参考に、文学教材を「読む」場合にどのような力が必要か、或いは、どのような力が鍛えられるのかを具体的に書き出してみます。

基礎的技能

①音読の技能　②黙読（速読）の技能　③書写技能　④メモ・記録の技能　⑤要約・抜粋の技能

課題把握の技能

①音読する技能（書かれている事柄やことばの意味をとらえる。）

②鑑賞する技能（疑問・感想等の情意的反応を生成する。）

③疑問や感想を文章化する技能（問題意識の整理・自覚を進める。）

④感想を交流する技能（反応の相違を発見し問題意識を発展させる。）

⑤個々の課題を学習問題の形にする技能（自らの「空所」を課題化する。）

課題解決構想技能
①計画を立てる技能
（自らが個人追求する学習問題について、取り組む順序や時間配分等についての学習計画を立てる。）
②学習問題の解決方法を考える技能
（テクストを個人追求することによって解決できそうな問題か。集団での「読み」の交流に提示して他者の考を聞いてみたい問題か判断する。）
課題解決技能（①と②については順不同。或いは螺旋状に繰り返される。）
①解釈を持つ技能（学習問題についての自らの考えを持つ。）
②根拠を示す技能（考えの根拠となる叙述を見つけ、論拠を示す。）
③解決発展技能（解釈してみての感想を持ったり新たな課題を見つけたりする。）
評価の技能
①追求見返し技能（自らの追求を見返し、「読み」の到達度や内容についての感想や新たな疑問を持つ。）
②他者の「読み」を聞く技能
（級友の「読み」を聞き、自分の「読み」との相違点に気付く。また、自分にとってよいと思う「読み」を見つける。）
③計画見直し技能
（追求の過程で、自らの力で追求を続けるか、教師の援助を求めるか、級友との情報交換を行うか等について判断したり計画を見直したりする。）

〈付記Ⅰ〉

このような文学教材を「読む」学習を行うことで、子ども達の学力は育つのでしょうか。

本書の実践編に掲載している「わらぐつの中の神様」・「やまなし」を実践した学級である六年M組の事例を見てみます。「表1」は、平成二一年度の全国学力・学習状況調査の平均正答率です。参考のため、全国（国公私立）平均正答率も示しています。

六年生の初めの時期に行われたものですので、五年生までの学習の成果が現れています。国語Aは、国語の基礎的・基本的な知識・技能が身に付いているかどうかをみる問題です。国語Bは、国語の基礎的・基本的な知識・技能を活用することができるかどうかをみる問題です。国語A（知識）国語B（活用）に加え、読解の力が必要だと言われる算数B（活用）の結果も示します。

国語の設問は、「話すこと・聞くこと、書くこと、読むこと、言語」の各領域にわたっています。もちろん、ペーパーテストですので、解答には読解の力が必要でしょう。この結果からは、国語の力や読解の力が伸びていることが窺えます。

「表1」　（平成２１年度）

全国学力・学習状況調査　平均正答率

	国語A	国語B	算数B
M 組	75．8	61．5	67．1
全 国	70．1	50．7	55．0

設問の領域や内容と正答率との相関やその分析のデータが手もとにないので、はっきり言い切ることはできませんし、意欲や問題解決能力、コミュニケーション力等、明確に測ることのできない力もあります。しかし、文学教材を題材とした「読み」の交流という学習で、課題をもち叙述を根拠とした考え交流し合うという「読み」・「書き」・「話し聞く」活動を行うことが、ペーパーテストの解答能力向上に寄与している可能性があります。読解の力や文章を読んで課題を解決する力を育てることが可能であるということが言えるのではないでしょうか。

〈付記Ⅱ〉

平成三二年度全面実施予定の小学校学習指導要領では、国語科の内容が、現行の三領域一事項から、〔知識及び技能〕と〔思考力、判断力、表現力等〕の二つに整理されました。

〔知識及び技能〕は、「⑴言葉の特徴や使い方に関する事項、⑵情報の扱い方に関する事項、⑶我が国の言語文化に関する事項」で構成されています。「情報」や音読・朗読が加わったものの、現行学習指導要領の「言語文化と国語の特質に関する事項」に示された内容と大差ありません。

また、〔思考力、判断力、表現力等〕は、「A話すこと・聞くこと、B書くこと、C読むこと」という、今までの三領域で構成されています。

一見すると、「基礎基本と活用」或いは「言語能力と目的能力」といった齋藤の学力体系に近付いたように感じられますが、そうではありません。「この内容の構成が、〔知識及び技能〕と〔思考力、判断力、表現力等〕を別々に分けて育成したり、〔知識及び技能〕を習得してから〔思考力，判断力，表現力等〕を身に付けるといった順序性をもって育成したりすることを示すものではない…」とされているからです。これは、〔思考力、判断力、表現力等〕の育成過程において〔知識及び技能〕を身に付けるというようにも受け止められます。

また、〔知識及び技能〕については、一つの柱とするほど系統的に内容が示されていません。

さらに、もう一つの観点である〔学びに向かう力・人間性等〕については、目標のみ示され、内容として示すことはされていません。課題に向かう態度や言語感覚を養うことが主で、課題解決能力といった能力的な位置付けはなされていません。

〔思考力、判断力、表現力等〕に関する目標として「日常生活における人との係わりの中で伝え合う力を高め、思考力や想像力を養う。」が掲げられています。伝え合う力を高めるとは、「人間と人間との関係の中で、互いの立場や考えを尊重し、言語を通して正確に理解したり適切に表現したりする力を高めることである」と説明され、コミュニケーション力の育成と受け止められます。また、思考力や想像力を養うとは、「言語を手掛かりとしながら論理的に思考する力や豊かに想像する力を養うことである。」と説明されています。具体的には、「自分の思いや考えをもつ（一・二年）→自分の思いや考えをまとめる（三・四年）→自分の思いや考えを広げる（五・六年）」と発展させています。考えを広げるための有効な手立ては「読み」の交流です。

新しい小学校学習指導要領の国語科では、「コミュニケーション力及びそれを活かした思考力・想像力」を育てることを大切にする方向であることが窺えます。

（注一）「教育課程審議会中間まとめ『幼稚園、小学校、中学校、高等学校、盲学校、聾学校及び養護学校の教育課程の基準の改善について』（平成九年十一月）」より

（注二）本項での渋谷孝の引用は、全て「精読主義の克服の道は『多読』ではない」（一九九八）
（「教育科学国語教育」No.565 明治図書 PP. 5-7）による。

（注三）萩原敏行「センテンス重視からコミュニケーション重視へ（国語）」（二〇〇二）『文教大学付属教育研究所紀要』第十一号

（注四）［子どものコミュニケーション能力を育むために―「話し合う・創る・表現する」ワークショップへの取組―］
平成二三年八月二九日　コミュニケーション教育推進会議審議経過報告

（注五）小学校学習指導要領解説　国語　文部科学省ＨＰ　平成二九年六月
（本論で述べている平成三二年度全面実施予定の小学校学習指導要領に関する記述は、全てこのホームページをもとにしている。）

（注六）深田博己『インターパーソナルコミュニケーション―対人コミュニケーションの心理学―』（二〇〇一）北大路書房

（注七）岡田敬司『コミュニケーションと人間形成』（一九九八）ミネルヴァ書房 P.2 P.254

（注八）西尾　実「国語教育学の構想」『西尾実国語教育全集第４巻』（一九七五）教育出版
〔原典『国語教育学の構想』（一九五一）筑摩書房〕

（注九）例えば、一九九九年の第六二回国語教育全国大会で行われた鼎談において、当時の日本国語教育学会長 倉澤栄吉は、『伝え合い』ということばより『通じ合い』のほうがことばとしては適切ではないかと思う。」と述べている。

（注十）　道徳読みとは、登場人物の現象的行為にのみ視野を限定され、自らの持つ社会的道徳基準を拠り所として、善い・悪い、こうした方がよいと登場人物の行為を　道徳的な善悪でのみ判断・認定して読む読みである。
「文学教材における読み傾向の学年差について　―　「ごんぎつね」の読みの調査への統計的検定を通して―」堀井謙一、小口裕康、脇坂幸光、細井康子
信州大学教育学部紀要　第一〇〇号（二〇〇〇年八月二五日　信州大学教育学部発行）

（注十一）　柴田直峰　「筆者における視点が物語理解に与える影響」（一九九三）（『読書科学』第三七巻第二号　日本読書学会）PP. 61-66

（注十二）　村田夏子　『読書の心理学　―読書で開く心の世界への扉―』（一九九九）　サイエンス社　PP. 36-37

（注十三）　西尾　実　「文学教育の問題点再論」『西尾実国語教育全集』第八巻（一九七六）　教育出版　PP. 68-70

（注十四）　ヴォルフガング・イーザーが用いた用語　W. イーザー『行為としての読書』轡田収訳（一九九八）　岩波書店　P. 291

（注十五）　浜本純逸　「文学作品との対話」『日本文学』第三九巻　第七号　一九九〇・八

（注十六）　大澤真幸　「他者・関係・コミュニケーション」（一九九四）　PP. 8-9

（注十七）　岡田敬司　『コミュニケーションと人間形成』（一九九八）ミネルヴァ書房　P. 98　PP. 233-234

（注十八）　藤森裕治　「岡田敬司一九九八『コミュニケーションと人間形成』ミネルヴァ書房を読む」（1999. 11. 18）
※　信州大学大学院「国語科教育特論Ⅳ」の授業における資料P. 8より抜粋したものである。

（注十九）　藤森裕治　『バタフライ・マップ法　文学で育てる〈美〉の論理力』（二〇〇七）東洋館出版社　PP. 16-20

（注二十）　松本　修　「文学の読みとその交流の実践的意義」（二〇〇一）
「国語科教育」第四九集　全国大学国語教育学会編集　P. 55

（注二十一）府川源一郎「人間関係を育む言語活動」（二〇一三）「月刊国語教育研究」五月号　№493　日本国語教育学会編　P. 3

（注二十二）鈴木昭壱　『国語教育研究大辞典』（一九八八）明治図書 P.126
（注二十三）牧島亮夫　「学校週5日制のもとでの教育課程 ―小学校での教科指導に向けて―」「教育指導時報」№543（一九九四）長野県教育指導時報刊行会 P.18
（注二十四）「言語活動の充実に関する指導事例集【小学校版】」第三章(2)教科等の特質を踏まえた指導の充実及び留意事項〈国語〉平成二三年十月　文部科学省
（注二十五）「単元を貫く言語活動」を取り入れた文学教材学習指導に寄せられる危惧について

「単元を貫く言語活動」を取り入れた文学教材学習指導の実践には、「紹介文、推薦文、広告、リーフレット、新聞、物語の続きの創作、絵日記」といった書く活動を行うために読むというものが見られる。また、「劇、ペープサート、紙芝居、朗読発表会等」を行うために読むというものも見られる。

このような表現活動にするためには、そのための準備や練習時間を確保しなければならないものもある。従って、純粋に文学作品を読む時間数が少なくなるのではないかという問題が指摘される。更に、「児童の意識とすれば、単元を貫いているからこそなおさら、『読むこと』よりも、表現活動そのものを行うことが目的となりかねない」という危惧についても払拭されてはいない。

表現した作品を読み合ったり発表し合ったりすることも、「読み」の交流と言える。しかし、「読むこと」を主体として考えた場合、表現した作品を交流することよりも、話題（学習問題）を設定して各自の「読み」を交流することを通して、各自が「読み」を深めたり変容させたりする学習を第一に考えたい。子どもにとっては、同じ話題について考えを交流することが、問題意識を共有させて聞きたいという意欲を高めると共に、自他の「読み」の相違を掴みやすくする。

また、同じ作者の他の文学作品や似たような題材の文学作品を読んで紹介するといった実践についても、教科書の教材である文学作品をしっかり読む学習が保障できるのかという疑問が生じる。作品内容の理解や作者への興味関心がなければ、他の作品に向かう目的意識や問題意識が薄くなる。更に、個々が違う文学作品を選択したり読んだりするための時間の確保や個々への指導の機会が限られてしまうという点も危惧される。

(注二十六) 齋藤喜門　「ひとり学び(自己教育力)における国語学力体系―基礎教科として―」『春日正三先生還暦記念ことばの論文集』(一九九一) PP.77-83

齋藤は、「『どう勉強したら国語の力がつくでしょうか』と質問する子どもに対して、発問を連発し思考を誘導してその場で分からせたところで、これに応えていることにはならない」と考え、「技術革新時代、情報化時代、生涯学習時代の今日、教育は自力で学ぶ力をつけることが第一のねらいでなければならない」と主張している。

(注二十七) 府川源一郎「主題神話の克服へ向けて」(一九九七)「教育科学国語教育」No.537 明治図書P.15

(注二十八) 浜本純逸　「意味付けを変容・発展させる」(一九九七)(注二十七)同書 P.37

二　「読み」の交流でのコミュニケーションの実際
――F男の学びから――「モチモチの木」（小3）

文学作品と出会ったとき、学習者は自分なりの感じ方・考え方で、作品や登場人物とのコミュニケーションをとっていきます。更に、「読み」の交流という学習仲間である級友とのコミュニケーションを通して学んでいきます。小学校三年生のF男君という子どもを取り上げて、学びの様相について分析を行ってみます。

F男のとらえと願い

F男君という、小学校三年生の子どもを担任したときの実践です。

F男君は、どこにでもいそうな男の子です。しかし、気にかけて観察してみると、彼なりの感じ方・考え方で行動していることが分かってきました。例えば、夏休みの日記に次のようなものがありました。

今日は、海に行きました。海の水は、思ったよりしょっぱかったです。
海に来たとしても、うきわがなくては、波が来たら後ろの方に行ってしまいます。それにうきわがないと、
海はふかいのでしずんでしまいます。なので、ぼくは、うきわをつけて泳ぎました。
昼は、やきそばを食べました。友達もできたし、楽しかったです。

まず海の水のしょっぱいことが書かれ、浮き輪をつける科学的な理由についての自分なりの解釈が書かれています。しかし、一緒に行った家族のこととか、海でできた友達のこととか、自他の心情についてはほとんど語っていません。

そういえば、F男君は周囲の雰囲気や人の気持ちを余り考えられないところがあるように思います。

一年生の頃は、休み時間に一人で工作をしている、給食で誰かが何かこぼしても手伝わない等、自分のやりたいことをやるという行動が多かったのですが、学年が上がるに連れて、遠慮したり手伝ったりする行動も見られるようになっています。しかし、あるクラブに入っていること等、自分の得意なことや自分だけやっていることを吹聴して、周囲から反感を買うようなこともありました。

友達とのちょっとしたトラブルで、涙を見せます。しかし、二年生の時の教育実習生とのお別れ会では、みんなが泣いているときに泣いていませんでした。

国語の文学教材学習でも、感性的な読みではなく、客観的で科学的・現実的な読みをする傾向がありま す。また、語感に着目したり、ある言葉をキーワードにして考えたりする傾向もあります。

そんなF男君に、次のような願いをもって支援していこうと考えました。

・本人の読みの傾向である科学的・現実的な読み、客観的理性的な考え方を認めていきたい。
・級友の話を聞き、新たな価値観に気づいていけるようにしたい。
・文学作品の主人公や級友とのコミュニケーションを図るなかで、「他人の心情を読み取り、自分の心情を語る力」を伸ばすための素地力を着けていきたい。

F男の学びの実際　「モチモチの木」光村三下

（一）初発の感想

F男君は、「モチモチの木」を読んで、次のような初発の感想文を書きました。読んで心に残ったことや、思ったことを素直に書いています。（読みやすいように、漢字を使って書き直してあります。）

> 臆病な豆太なのに一人で真夜中に外に出て、坂道を、霜が降りているのに、半道もあるのに、ふもとの医者様を呼びに行ったのが心に残りました。
> じさまが、「今夜は、モチモチの木に灯がともるんだ」と言って、その夜、本当に一人で見たことが心に残りました。
> 豆太は、最初臆病かと思ったけど、一人で、外に、それも真夜中に出て、モチモチの木を見たのがよかったと思いました。

「臆病なのに」、「霜が降りているのに」、「半道もあるのに」と畳みかけるような表現で、豆太の医者を呼びに行く行為に驚いていることを示しています。また、豆太がモチモチの木を見たことについて、「よかった」と感想を述べ、「一人で、外に、それも真夜中に出て」と、再び畳みかけるように表現して、すごい行為をした豆太に対しての共感を示しています。

（二）読みの交流の場面

「なきなき走る豆太の気持ちを考えよう。」という学習問題を用意して、クラスみんなで考えてみました。F男君は、学習カードに次のように書きました。

F男の学習カード

【学習問題】なきなき走る豆太の気持ちを考えよう。

【もとになった言葉や文】

いたくて、寒くて、こわかったからなぁ。でも、大すきなじさまが死んじまう方が、もっとこわかったから、なきなきふもとの医者さまへ走った。

【考え】

さいしょは、泣いてなくて霜が足にかみついた時に泣き始めて、じさまが死んじまうと思った時に、もっと泣いたと思う。

「泣く」という行為に着目して、時間の経過による豆太の状況を把握しようとする姿勢が見られます。しかし、客観的・科学的に見てはいますが、直接気持ちについて書いているわけではありません。状況を理解しようと努めてはいますが、豆太になり切って心情を推測しようとはしていないと言えると思います。

考えを発表し合ったところ、他の友達から次のような考えが出されてきました。

・じさまが死んじゃうと一人になってしまう。
・大好きなじさまの死んじまう方がもっとこわい。
・じさま、死なないで。早く医者様の所にいかなくちゃ。
・大好きなじさまが死ぬのが嫌だ。

F男君は、これらの考えを聴いて、「いいと思った友達の考え」を書く場面では、「D男君の『じさまが死んでしまうことはこわい。霜が足にかみついても行こう。』という考えがいいと思います。」と記しました。そして、本時の最後の感想では、「じさまと豆太が二人暮しをしていて、じさまが死んじまうことを考えて、ふもとまで行ったことがよかったと思いました。」と記入しました。

そこで、「『なきなき走る豆太の気持ち』をもう一度書いてみよう。」と投げかけたところ、今度は「じさまが死ぬと、おら一人だ。おらは、何もできない。」と書いたのです。文体まで豆太になり切って書いていたのが印象的でした。

友達とのトラブルではすぐ悔し泣きをするF男君であり、「泣く」という行為にも着目していたのでしょう。しかし、D男君の「じさまが死んでしまうことはこわい。」という発表を聞いたことで、「泣く」行為の源にある「怖さ」について、自分なりのとらえを生むことができたのではないかと思われます。

その次の時間の学習の様子です。

F男の学習カード
【学習問題】豆太に話をするじさまの気持ちを考えよう。

【もとになった言葉や文】

おまえは、山の神様の祭りを見たんだ。おまえは、一人で、夜道を医者さまを呼びに行けるほど、勇気のある子どもだったんだからな。

【考え】

豆太は、半分弱虫が消えたなあ。


一応、じさまが語るような文体になっていますが、そっけない書き振りに感じます。考えを発表し合ったところ、子どもたちから次のような考えが出されました。

・医者様を呼びに言って、勇気が出てよかった。
・祭りを見られてよかったなあ。
・前は、臆病だったけど、今は臆病が少し消えた。
・豆太も少しは強くなったんだなあ。
・あんなに弱虫だった豆太が医者様を呼びに行けるほど勇気があったのじゃなあ。

・豆太は、勇気のある子どもだということを分かってもらいたい。
・豆太、助けてくれてありがとう。
・豆太にもっと勇気を持ってもらいたいなあ。

F男君は、これらの考えを聴いて、その後で、「弱虫でも、やさしけりゃ［　　］」の四角に入る言葉（後に続く言葉）を考える場面では、「やさしさが勇気につながる。」と発表することができました。

級友からは、その他に次のような考えが出されました。

・やらなきゃいけないことは、きっとやるもんだ。
・人にやさしくできるし、意地悪するよりいい。
・やさしさがあれば、他人がびっくりする。
・こわくても、やらないといけないことは、やる。
・きっと、神様の祭りを見せてもらえるんだ。
・大変な時に出せる勇気が誰にでもあるんだ。

「いいと思った友達の考え」を書く場面では、「D男君の『あんなに弱虫だった豆太が医者様を呼びに行けるほど勇気があるんじゃなあ』がいいと思います。」と記しました。更に、本時の感想では、「勇気はすごく難しいことだったことが分かりました。理由は、すごいことをしても勇気じゃなくて、命をかけてやることが勇気だと思います。」と記入しています。

友達の発表から「勇気」という言葉に気づき、その言葉にこだわりを持っていることがうかがえます。一時間の授業のなかで、「勇気」という言葉をキーワードとして獲得することができ、「勇気」ということについて、自分なりに考えを深めてきていたのではないかと考えられるのです。

㈢　二次感想文

F男君が、最後に書いた二次感想文を紹介します。

> モチモチの木は、最初何の木だか分からなかったけど、だんだん、とちの木だと分かりました。豆太は、最初、勇気のない子だと思ったけど、最後には、勇気があるような子になりました。モチモチの木に灯がともる時、豆太は、血も出たまま走って、医者さまを呼びに命がけで走ったから、ちょうどモチモチの木に灯がともるところが見られました。豆太の勇気が神様につながったと思います。

「モチモチの木」が「とちの木」であることが「分かった」ということを、まず書いています。科学的な興味が強いF男君らしさが感じられます。

初発の感想では、豆太の医者を呼びに行く行為に驚き、モチモチの木を見たのがよかったとしていたF男君でした。今回は、その根源には「勇気」があったのだと述べています。「豆太の勇気が神様につながった」という締め括りは、F男君なりに、論理的にこの物語を総括したものであると言えるのではないでしょうか。

示唆されたこと

（一）F男君について

F男君は、初めから豆太の英雄的行為に驚愕し、豆太に共感してきていました。また、「泣く」という普段と違う行為に着目して、時間の経過による豆太の状況を把握しようとする姿勢も見られました。しかし、状況を理解しようと努めてはいましたが、豆太の心情を推測しようとする姿勢はありませんでした。

しかし、級友と考えを発表し合い読みを交流する中で、自分のよいと思う考えを見つけることができました。授業者から再度考えるように促された時には、文体まで豆太になり切って、自分なりにとらえた心情を書くことができたのです。「気持ちを考えるのは苦手」と言うことのあるF男君ですが、今回のことは、自信につながったのではないかと思われます。場の雰囲気や友達の心情を読むことが苦手な子どもに、どのような言葉の力をつけていけばよいのか考えた時、登場人物の心情を考える機会を保障していくことは、大切であると言えます。

じさまの心情を考えた場面では、友達の「勇気」という言葉に反応し、それ以後この物語を考えていく時の手がかりとしていきました。科学的論理的に物語をとらえる傾向のあるF男君にとって、「勇気」という言葉がキーワードとなり、物語をとらえていくことを可能にしたのだと思われます。

（二）読みの交流について

「読み」の交流は、それぞれの読みを交換し共有するために行われます。誰かの考えが発表されたら、まず似ている考えの者が発表するようにしてきました。最初は、「似ているかどうか分からない」という声が多かったのですが、次第に「似てる」、「少し似てる」、「違う」といったつぶやきが出されるようになりました。このことは、級友の発表を傾聴する姿勢につながり、自分の考えを位置付ける能力を育むことにつながると思われます。

また、子どもは、個々に選択して、級友の考えに関わっていきます。そのため、「読み」の交流では、「いいと思った友達の考え」を意識させて記録させるようにしてきました。もちろん「その子がいいと思った」ということに価値があり、「よくできる・できない」という相互評価とは意味合いが違います。

「読み」の交流をする意義は、それぞれの「読み」を語り合うことによって、差異を認め合い、お互いの理解を深めることにあります。そして、恣意的・自己満足の「読み」であっても、作品や他者の「読み」によってゆさぶられ、視座転換のうちに新たな「読み」や自己を創り出すことにあるのです。

三　個々の「読み」の傾向性をさぐる

学習者の学びの様相について分析する際に、その子のもつ「読み」の傾向性を把握したいと考えます。そのことによって、作品とどのように関わったか、「読み」の交流を通してどのように学んできたか等が、より明らかになってくるのではないでしょうか。

学習者研究の改善

既に述べたように、「読み」には、個の生活体験や既有体験が投影されます。価値観もそれぞれ違うのだから、共感する叙述もそれぞれに異なることになります。「読み」には、外面からではわからない、その子の内面思考が現れてくるのです。従って、教師は個々の「読み」の傾向の違いを前提として、また「読み」の傾向を基に学習者個々の反応を的確に予測して、学習を計画する必要があります。学びの中での学習者の「読み」をどう評価し、授業改善に向かっていったらよいのでしょうか。

益地憲一（一九九三）は、「学習者理解から学習者研究へ」と題して、従来の学習者研究の問題点を次の四点にまとめています。（注一）

①　一般的・概念的な、小集団としての学習者研究にとどまることが多く、個別的・分析的な検討をふまえた学習者研究に進むことが少ない。言い換えれば、個を視野におさめた学習者研究になっていない。

②　眼前の単元（授業）を対象とした一時的・断片的な学習者研究が中心で、学習者のそれまでの学習成果や日常的言語生活をふまえた総合的・系統的な学習者研究が少ない。つまり、変容しつつある国語学習者としての姿にふれていない。

③　学習者の興味・関心・意欲等の内面的精神的側面（情意面）にかかわる学習者研究が手薄である。また、情意面に触れられていても学習場面・学習内容に即した具体的把握は少なく、印象的・一般的把握が多い。すなわち認知面に偏った研究・実態把握が中心であり、情意面は付加的なものになっている。

④　学習者理解と教材の特性や教師のねらいとの有機的関連が十分に図られていない傾向がある。しかも指導計画の立案にあたって学習者研究を基礎として出発するのではなく、教材の特性や教師のねらいに学習者をあわせていることが多い。それゆえ、真に学習者を生かす授業構築が十分になされていない。

以上の指摘には、頷けることが多くあります。確かに、今までの学習者研究は、「学級の実態」或いは少人数の抽出児についてのみ行われることが多かったのではないでしょうか。また、その時点での実態を把握することが主で、どのように変容しつつあるかという視点が持たれることは少なかったと言えます。更に、認知能力の向上が主なねらいとされ、指導計画立案に際しては学習者を生かすことよりも教師のねらいを達成することに重点が置かれていました。コミュニケーションは、認知能力のみによってなされるものではありません。情意面を育てることも必要なのです。

現在は、形成的評価の必要性が言われています。例えば次のように説明されています。(注二)

「形成的評価」とは、文字通り「形成していくための評価」すなわち、「作り上げていく・進めていく過程で必要な評価」のことです。例えば、一回一回の授業の最後に行う小テストや振り返りなど、学習の途中で学習者が自分の理解状況を把握することを必要に応じて助けるような行為はこれにあたります。他にも、教材開発やプロジェクトを進めていく過程で、細かくチェックを行って改善に役立てるなどといったように、比較的頻繁に行うフィードバックの総称のことを言います。

形成的評価を行うことにより、指導者は、カリキュラムや指導方法、教材などを改善していく必要があります。「読み」の交流という学習を行った場合も、その学習を形成的に評価していかなければなりません。「読み」の傾向は学習者個々によって違いますし、個々に力をつけるために授業をしているわけですから、個に焦点をあてる必要があります。また、「読み」の交流以前の「読み」と、「読み」の交流以後の「読み」を比較して変容をとらえることが、「読み」の交流の意義やコミュニケーションの様相を把握することを可能にします。

読むことによって思考・想像・鑑賞等を行う際の、その子の感じ方や考え方の傾向である「個々の『読み』の傾向」をさぐり、それを指導計画立案の基礎づくりとすることが、個別化や情意面の重視につながってくるに違いありません。また、学習者の「読み」の傾向のとらえが継続されてとらえられた変容は、次の学習指導を構築していく礎となり、個々の発展に寄与するものとなることが見通されます。

「読み」の傾向性を予測すること

学習者を知ることによって、その子への支援について見通しや予測を持つことが可能になります。そのためにも、学習者の内面に目を向け「解釈・仮説・修正」を続けていく必要があるでしょう。

個々の学習を分析することは、教材選択や「読み」の話題の設定の是非についての、指導の反省を行うことにつながっていきます。また、授業者のそれぞれの感じ方・考え方を尊重する姿勢が、子ども達の認め合いや、友達とともに文学的文章を楽しく読むことにつながっていくのです。

長野市を中心に活動する「子供理解を徹する会」の月例会開催案内には、次の文章が載っています。

子供の実際の資料（事実）に基づき客観的な考察を加えながら、その子独自の「認識の仕方」を探り、仮説を立て、個に即した学力・才能を引き出す指導法を模索し、人材育成に資する教育を願っています。

この会の設立の年に、牧島亮夫(一九九九)は、「子供理解を徹する」として、次のように述べています。

本来は、毎日毎時間の授業で、A君B君Cさんはこういう感じ方・考え方・行為の仕方をするという予測のもとに、だからA君B君Cさんの力を引き出すためにこういう授業を仕組むのだという仮説をもって授業しなくては、教師と言う本業の仕事にはならないでしょう。教育相談においても、それぞれの子の感じ方・考え方・行為の仕方の予測のもとに、個々の子に応じた対応を、学習や集団の場で指導しなくてはならないはずです。

しかし、現実には一体この子はどういう理解をする傾向があるのか予測が立たないばかりか、その予測をどうしたら立てられるのかさえ見当もつかないままに、教科書に沿って何となく教え込んでいる。ですから何年教師をやっても何百回授業をしても子供は見えてこないし、授業でこの子のどんな力を付けたかの判断もできないまま、教師でなくても分かり切った常識的な教育観や指導法しか語れない教師が多いのです。つまり、教育の専門性が少しも身についてこないのです。

教育論や心理学は学者にかないません。教材についても、学問的な背景は学者にかないません。しかし、A君B君Cさんという個々の子供について、しかも学習を通しての子供の姿について具体的に語れるのは現場の教師のみです。まして、そうした教科指導等を通しての子供理解に通暁できるのはまさに我々現場教師のみの特権です。(注三)

個々の子供の考え方・感じ方・行為の仕方を予測して、個々の子供に対応し、力をつけ才能を伸ばしていくことが教師の仕事であり現場教師としての専門性であると言うのです。「予測」をするためには、その子供を理解しなくてはなりません。それは「その子は~ができる・できない、優れている・劣っている」という理解ではなく、考え方・感じ方・行為の仕方の基となる「その子独自の『認識の仕方』」を理解するということだと言うのです。「子供理解を徹する会」の例会では、理解を深めたい子供についての資料として、作品や授業記録が用意されます。その子が生き生きと表現している作文や学習カード等、その子なりの独自な特色が感じられる資料がよいとされます。そして、資料提供者によるその子の紹介の後、出席した会員による資料の考察がフリートークで行われ、「その子独自の『認識の仕方』」や「指導の仮説」について探っていきます。

国語科の「読むこと」の学習においても、初発の感想文・二次感想文・毎時間の学習の記録等、その子の表現したものが残っていきます。それらを資料として、分析することで、個々の考え方・感じ方、認識の仕方がとらえられ、その子の「読み」の傾向性に対する予測がもてるはずです。

「読み」の傾向性をさぐる観点

学習者と作品・登場人物とのコミュニケーションの場面や、学習者と学習仲間である級友とのコミュニケーションとなる授業場面の中で、その子の考え方・感じ方、認識の仕方がどのように表れてきて、どう成長しているかを探っていくためには、「この子は、こういう読みをする傾向がある」という仮説をもたなくてはなりません。

個々の「読み」の傾向をとらえるための資料や情報は多数あるでしょうが、効率的で簡便な方法を目指す立場から、初発感想文・個々の課題・二次感想文を主な資料として分析し、そこに個人追求や「読み」の交流での学習カードやその時の様子に見られる特徴を加えて考察して個性を明らかにしていきたいと考えます。(注四)

そして、個々の「読み」の傾向をとらえるためには、観点をもって学習者を見ていくことが必要です。「読み」の傾向分析の観点について、文学作品「ごんぎつね」を例にして、示してみます。

一　「着目・理解」についての「読み」の傾向

情景的な読み：情景描写への着目、客観的な内容の理解、ごんの行為の様子への着目

「『兵十は、火なわじゅうをばたりととり落としました。青いけむりが、まだつつ口から細くでていました。』というところが心に残った。」

心情的な読み：登場人物の心情や思考を推測
「ごんは一人ぼっちでさみしかったんだ。」「かわいそうなごん。」
「ごんはぐったりと目をつぶったまますうなずきました。」
論理的な読み：作者の意図・寓意の読み取り、作品全体をとらえその性質を述べる抽象化
「つぐないを続けるごんの純粋な心を学びたい。」
「撃ってしまったことも無理はないが悲劇的だ。」
「ごん、おまいだったのか、いつも、くりをくれたのは。」

二　「志向性」についての「読み」の傾向

対自的な読み：自己に対して考える（自己の傾向・信念・変化・経験等）
「私はごんのようにできるだろうか。」「私が兵十だったら―。」「こんな気持ちになった。」
対他的な読み：他者に対して考える（登場人物）
「ごんは、本当はさみしかった。」「ごんはかわいそう。」「兵十も後悔してるだろう。」
対事的な読み：文中の事物や事件を考える（出来事、構成、主題、作者等）
「ごんはどうしてつぐないを続けたのか。」「作者は通じ合う心について言いたかったのでは。」
対辞的な読み：表現や表記について考える
「つつ口から細く出ている『青いけむり』にはどんな効果があるか。」

三　追求におけるその子の個性

①　感想の視点：感想の内容が客観的・理性的視点から書かれているか、主観的・感性的視点から書かれているか。
②　追求の焦点：原因や結果を追求しようとするか、過程や状況を問題にするか。
③　一貫性　：問題意識を一貫として持ち続けるか、転換していくか。
④　読みの段階：「よい」「悪い」と、道徳的に善し悪しを判断して受け止めているか、ごんや兵十についての作中の基本的人物設定やその心理・性格を考慮して人物や状況を読む題材読みをしているか。
⑤　共感度　：ごんや兵十のどちらの登場人物に共感し同化しているか。また、受容的・教訓的に受け止めているか、疑問を持つなど現実的に批判的・批評的に受け止めているか。

「読み」の傾向分析の実際　「ごんぎつね」（小４）

前述の観点を使って、Ａ子・Ｂ子・Ｃ男・Ｄ男という四人の子どもを取り上げ、「読み」の傾向を分析してみます。(注五)

学習の足跡から、「初発の感想、個人課題の設定、二次感想文」について傾向を分類し、その子ども達の本教材「ごんぎつね」の学習での「読み」の傾向を探ることにします。

1　A子

（1）初発の感想

・あんないたずらをしなきゃよかったと思い、そのつぐないをしながらうたれて死んだごんの事は書き表せないような気持ちになる。

・苦労をしてとった魚をごんにぬすまれたと頭から思っていれば、またいたずらに来たと思い、うつ気持ちもわかるような気がする。でも、ぐったりと目をつぶっているごんが、くりや松たけを持ってきたと知ると、胸がはりさけそうな気持になると思う。

・私は、「兵十は、火なわじゅうをばたりととり落としました。」というところが一番心に残った。

	情景	心情	論理
対自		◎	
対他		○	
対事	○		
対辞			

（2）個人課題の設定（共通課題：人物の気持ちの動きを考えよう。）

① ごんのいたずらをしたくなる気持ち
② 水につかりながらはりきり網をゆすぶっている兵十
③ ぬすっとぎつねと思い、どなりたてた兵十
④ おいかけてこなかった兵十
⑤ いつもの赤いさつまいものような顔がしおれていた兵十
⑥ 「おれと同じ一人ぼっちの兵十か」と言ったごん
⑦ まず一ついいことをしたと思っていたら、盗人扱いされたというひとり言を聞いたごん

	情景	心情	論理
対自			
対他	○	◎	○
対事			
対辞			

⑧　黙って歩いていた二人
⑨　神様のしわざと思った二人
⑩　こいつはつまらない、引き合わないと思ったごん
⑪　きつねがうちに入ってきたときの兵十
⑫　また、いたずらに来たと思った兵十
⑬　ごんをうったときの兵十
⑭　火なわじゅうをとり落とした兵十
⑮　ぐったりとしたままうなずいたごんの気持ち

（3）　二次感想文

このお話を読んで、心を変えるのがとても大切だなあと思いました。きっと作者もそれに気づいてほしかったんだと思います。それと、学習をして、その時のごん、または兵十の気持ちを考えたりして、気持ちの変わり方についてとてもよくわかってよかったと思います。

それに、私もごんのようにいたずらをしますが、すぐにわすれたりして、気持ちなんかをいれかえるなんてことはめったにありません。これから、ごんを見習いたいと思います。

	対自	対他	対事	対辞
情景				
心情	○			
論理	◎			

（4）　考察

初発の感想で、「つぐないをしながらうたれて死んだごん」という矛盾をつかんでいることが分かる。最後の場面での状況を理解し、状況に応じた心情把握をしている。「火なわじゅうをばたりととり落としました。」という情的だが客観的な情景は、A子にとって兵十の心情を理解するポイントになる描写なのであろう。個人課題の設定では、自分のつかんだものを吟味する方向で客観的に行為を取り上げている。二次感想文では、ごんと兵十の両方の立場を読め

ていることや自分との対比読みをして教訓的な理解をしていることが分かる。

初発の感想で自分について考える傾向が見られ、共通課題のために個人課題の設定では人物の気持ちの動きに向かうが、最後の二次感想ではまた自分に戻ってきている。

「あなの中で考えて、ごんの心はどのように変わったのだろう。」という課題について考えを交流し合った際には、「人の心を考えてみて、あんないたずらをしなけりゃよかったと思い、くりや松たけを毎日持っていくごんは、すごく反省して心をいれかえたと思う。それだからくりや松たけをもっていったと思う。」と発表した。「ごんのせいで兵十のおっかあが死んだ」と読み取った子達に対して、「ごんのせいで死んだというのは何かおかしいような気がする。」と読み取りを否定した。それをきっかけにクラスでそのことについて話し合うことができた。授業後の感想では、「みんなの叙述はほとんどがごんの思い込みで、そうとは限らなかった。」と記している。心情的ではあるが、整合性をもって読もうとしている。だから気持ちの変化を綿密に追っていったのではないか。

論理的な習合を考え、心情を一貫して考える子どもである。ごん・兵十の両方をとらえて叙述に即して追っていく。対自心情／論理型であり教訓型と言える。

①感想の視点	◎客観的・理性的	○主観的・感性的		
②追求の焦点	原因追求	結果追求	◎過程追求	状況追求
③一貫性	◎視点一貫	視点転換		
④読みの段階	道徳読み	○題材読み		
⑤共感度	○高い　（ごん・兵十）	低い		
	受容的	◎教訓的	批判的	評価的

2　B子

（1）　初発の感想

・いたずら好きだったんだなあと思った。でも、やさしい所もある。ごんも一人で住んでさみしかったから、兵十が一人でさみしいと思っていると思って、くりや松たけをあげてやさしいと思った。

・ごんにいたずらされて、ごんがくりを置いているとは知らずに殺してしまい、兵十も驚いたと思う

・「ごんはぐったりと目をつぶったままうなずきました。」というところが心に残った。

	情景	心情	論理
対自			
対他		◎	
対事	○	○	
対辞			

（2）　個人課題の設定（共通課題：人物の気持ちの動きを考えよう。）

①　ごんがいたずらをしていたときの気持ち

②　うなぎを取ってきてしまったことを反省しているごんの気持ち

③　くりや松たけをあげているごんの気持ち

④　「おらあ、このごろ、とても不思議なことがあるんだ」と言った兵十の気持ち

⑤　神様がめぐんでくれると思った、兵十の気持ち

⑥　火なわじゅうをばたりと落とした兵十の気持ち

	情景	心情	論理
対自			
対他		◎	
対事		○	○
対辞			

（3）　二次感想文

ごんは最初、たくさんいたずらをしていたけど、本当は、さみしかったんだと思います。

兵十のおっかあに、うなぎを食べさせることができなくて、そのまま死んでしまったから、ごんはとても悪いことだと思って、心が変わったんだと思います。だから、いつもくりを持っていったんだと思いました。ごんがくりを持っていっているのに、神様だと思われて、「引き合わないなあ」と、ごんは思ったけど、それでも、毎日くりを持っていったので、えらいなあと思いました。

兵十は知らなくて、ごんがいたずらをしに来たと思ってうってしまい、ごんはかわいそうだと思いました。でも、兵十も知らないでうってしまったことを後で後悔してつらいのかなあと思います。

	対自	対他	対事	対辞
情景				
心情		◎	○	
論理			○	

（4）　考察

「一人でさみしいごんと兵十」ということが、初めにB子が読み取った「ごんぎつね」の物語だった。初感でごんの個人的な状況を把握している。そして、「さみしさ」というテーマ性をもって追求しようとしている。

ごんは「いたずら好きだが優しいところもある」としている。「ごんはぐったりと目をつぶったまま、うなずきました。」というところが心に残ったとしているのは、ごんに感情移入して読んでいるB子にとって、どう補っていいのかわからない箇所として心に残ったのではないだろうか。

二次感想では、「ごんは、（中略）本当は、さみしかったんだと思います。」と述べている。「本当は」という言葉に、原点を読み変化を認めない、一つにしぼって同化していく「読み」が表れている。また、「ごんはとても悪いことだと思って心が変わった。」と、くりや松たけを持っていくことが、初発では「やさしさ」であったのが、「心の変容」「償い」という違うとらえが加わっている。兵十については、初発の感想での「驚いたと思う。」が「後悔してつらいのかなあ。」とより心情を思いやるものになっている。ひとりぼっちのごんという視点から出発して、個人追求や学級での考えの交流によって様々な観点を取り入れてきた。

学級で考えを交流した時の、B子の考えと授業後の感想は以下のようである。

「あなの中で考えて、ごんの心はどのように変わったのだろう。」

考え「兵十のおっかあのことを考えて、いいことをしようとやさしい心に変わった。」

感想「ごんや兵十はいろいろな思い込みをしていたことがわかった。（ごんは、）最初私が思ったほど悪い事はしていないと思った。」

「おれはひきあわないなあというごんの気持ち」

考え「ごんはいいやつなんだとわかってほしかった。それにお礼も言ってほしかった。」

感想「ごんは兵十への特別な気持ちがあったんだなあと思った。」

「ごんに気付いてからの兵十の気持ちの移り変わり」

考え「ぬすっとぎつねめが、と思ってうってしまったのが、いつもくりをくれたのがごんだとわかって、ごんをうってしまって後悔している。」

感想「ごんは、死ぬ時に、ごんだとわかってもらえて少しうれしかったことがわかった。」

読みの交流を通して、自分の問題意識に触れる部分に敏感に感じたり考えを補強したりしている。

「ごんのさみしさ」を基盤に一貫してごんに向かっていっている。主人公ごんに一途にのめり込んでいく「読み」となっている。だからごんを評価していく。対他心情型であり一貫型・同化型である。

①感想の視点	客観的・理性的	◎主観的・感性的				
②追求の焦点	原因追求	結果追求	○過程追求	状況追求		
③一貫性	◎視点一貫	視点転換				
④読みの段階	道徳読み	○題材読み				
⑤共感度	◎高い（ごん）	低い	◎受容的	教訓的	批判的	評価的

3　C男

（1）　初発の感想

・ごんは、畑を荒らしたりとんがらしをむしりとったり兵十のとった魚を川に投げ込んだりしていたずらが好きなきつねだ。だが、一人ぼっちになった兵十にくりや松たけをくれていいきつねだ。最後に兵十にじゅうでうたれるなんてかわいそうなきつねだ。

	対自	対他	対事	対辞
情景			○	
心情				
論理		◎		

・兵十はおっかあを失ってかわいそうだ。兵十はごんを悪いきつねだと思っているが、本当はいいきつね。だけど、悪いきつねと思うのも無理はない。兵十はごんがくりや松たけをくれているのに気が付かないなんてにぶいやつだ。

・一番心に残った叙述

「『ごん、おまいだったのか、いつも、くりをくれたのは。』兵十は、火なわじゅうをばたりととり落としました。」

（2）　個人課題の設定（共通課題：人物の気持ちの動きを考えよう。）

① ごんが兵十のうなぎをもっていったときの兵十の気持ち
② 兵十のおっかあを自分が殺してしまったと思ったごんの気持ち
③ ぬすんだいわしを兵十の家に投げ込んだごんの気持ち
④ ひょいと後ろをむかれて、小さくなったごんの気持ち
⑤ 「へえ、こいつはつまらないな」と思ったごんの気持ち
⑥ ごんをうってしまった兵十の気持ち

	情景	心情	論理
対自			
対他		○	○
対事	○	◎	○
対辞			

（3）　二次感想文

ぼくは一番でのごんは、とてもいたずらが好きなきつねなんだと思いました。

二番では、兵十のおっかあの葬式があって、ごんの気持ちはどのように変わったのかということを勉強しました。

三番では、うなぎをぬすんだつぐないをしてたので、ごんは本当にいいやつなんだなあと思いました。

四番は、あまり思ったことがありませんでした。

五番のごんは、兵十にお礼を言ってもらえないでかわいそうでした。

六番の兵十は、ごんに気が付いて、火なわじゅうでうった後、ごんがくりを毎日持っていくのに気がついたら、ごんをうったことを後悔したんだなあと思いました。そのうたれたごんは、つぐないをしていることをわかってもらってよかったのか、うたれてやだかったのか、ぼくにはわかりませんでした。

	情景	心情	論理
対自			○
対他		○	○
対事	○	◎	○
対辞			

（4）　考察

初発の感想では、ごんのいたずらをする情景が表れておりそこに着目していることがうかがわれる。状況や情景を楽しむ「読み」をしているのであろう。行為を追っていき、評価していく。いい・悪いと区別し割り切るとすっきりするのであろう。通して抽象化する「読み」ではない。個人課題の設定でも状況や情景を追っていく。

個人追求や考えの交流の後に書いた「今日の学習をしておもったこと・わかったこと」の中で、数々の自分なりの考えを記している。

「うなぎがごんの首に巻きついているんだから、ぬすまれたと思っても無理はない。」、「ごんは、自分がいたずらをして、兵十がおっかあにうなぎを食べさせることができなくて、兵十のおっかあが死んでしまったと言っているが、それはごんの想像だ。」「ごんは、いわしをぬすんで、兵十のうちに投げこんでいいことをしたと思っているが、本当は悪いことだ。」「ごんは『おれと同じひとりぼっちの兵十か』と言っているが、兵十は本当のひとりぼっちじゃない。」

状況を判断していく中に緻密な面が見えている。二次感想では、「そのうたれたごんは、つぐないをしていることをわかってもらってよかったのか、うたれてやだかったのか、ぼくにはわかりませんでした。」と結ばれている。初発の感想であれだけ言い切り割り切っていたC男が、数時間個人追求し考えを交流し合って、「わからない」ということがわかったことは価値深いことだった。また、「勉強しました」「ありませんでした」「ぼくにはわかりませんでした」と、自分についての記述をしている。自分の問題としてとらえてきていることがうかがえ興味深い。

情的ではなく客観的な事実を見て、現実的な善悪の判断をしていくタイプである。対事／対自・論理型であり状況評価型である。

①　感想の視点　○客観的・理性的　主観的・感性的
②　追求の焦点　原因追求　結果追求　過程追求　○状況追求
③　一貫性　○視点一貫　視点転換
④　読みの段階　◎道徳読み　題材読み
⑤　共感度　高い　低い　◎受容的　教訓的　批判的　◎評価的

4　D男

（1）　初発の感想

・ごんは、いたずらばかりしているきつねだったけど、兵十のおっかあが死んでからはいいやつだなあと思った。でも、最後、兵十の火なわじゅうで撃たれてしまったのでかわいそうだと思った。

・兵十もおっかあが死んでしまったので、兵十はごんをいたずらぎつねだと思っていて、ごんを死なしてしまったけど、ごんはいいやつだったと知って心に傷ができてしまったと思う。

・一番心に残った叙述

「兵十は、火なわじゅうをばたりとり落としました。」

	情景	心情	論理
対自			
対他	○	○	○
対事	◎	○	
対辞			

（2）　個人課題の設定（共通課題：人物の気持ちの動きを考えよう。）

①　雨で外へ出られなかったごんの気持ち
②　ごんにうなぎをとられた兵十の気持ち
③　おっかあが死んだ兵十の気持ち
④　いわし屋にぶんなぐられた兵十の気持ち
⑤　いつもくりや松たけを持っていったのに加助に「神様のしわざ」と言われたごんの気持ち　⑥　兵十に撃たれたごんの気持ち

	対自	対他	対事	対辞
情景		○	◎	
心情		○	○	
論理		○		

（3）　二次感想文「ごんや兵十への手紙」

ごんや兵十への手紙で伝えたいことは、ごんは兵十に撃たれちゃったけど、兵十もいたずらをしにきたと思って撃ってしまったんだからしょうがないし、ごんも兵十も　かわいそうだと思います。
それから、ごんや兵十に言いたいこと
兵十へ「ごんを撃ったことをいつまでも心に残さないようにがんばれよ。」
ごんへ「残念だったな。でもがんばったな。」

	対自	対他	対事	対辞
情景		○	◎	
心情	○	○		
論理		○		

（4）　考察

初発の感想で、「ごんはいいやつなのに撃たれてかわいそう。」「兵十は、ごんをいたずらぎつねだと思っていて、ごんを死なしてしまったけど、いいやつだったと知って心に傷ができてしまったと思う。」と述べている。思いやる気持ちはうかがえるが、ごんへの一貫性やこだわりはない。個人課題の設定では大きな出来事に目が向いていく。事件的であり流れに沿っている。様子や情景的なものを読もうとしている。

学級の中で考えを交流することを通して、「ごんがいたずらをしたせいでおっかあが死んでしまったので、そのつぐないをしようとした。」と読み取っていたのが、「ごんは、自分のせいだと思ってつぐないをした。でも、それはわからない。」と変わっている。また、「兵十にいたずらをしたのをゆるしてほしいからくりや松たけを持っていった。ごんは、本当はいい心を持っているんだ。」「ごんは兵十に気づいてほしかった。やっと気づいてもらったけど、自分は命を落としてしまった。」と、読みを深めている。

二次感想文は手紙文の形式で書いている。「しょうがない」「残念だったな。でも、がんばったな。」「いつまでも心に残さないようにがんばれよ。」と、あくまでも認め励ます形で終わっている。

登場人物へのこだわりや一貫性をもって叙述を吟味し、心情的にひだを読んでいく子どもではない。何かをえぐろうとするのでなくそのままにとっていく。事件・出来事に対して状況や筋の変化を楽しむタイプと言えよう。したがって、登場人物とは距離を置いている。自分と係わってのめり込むというよりは場面場面を見ている。説明的文章での構成に才能が出る子どもかもしれない。状況読み、出来事を読むタイプである。対事情景型と言えよう。

① 感想の視点	○客観的・理性的	主観的・感性的			
② 追求の焦点	原因追求	結果追求	過程追求	◎状況追求	
③ 一貫性	視点一貫	視点転換			
④ 読みの段階	◎道徳読み	題材読み			
⑤ 共感度	高い ○低い		受容的	教訓的	批判的　評価的

以上、四名の学習者の「読み」の傾向を分類してみました。観点を持って見ることにより　個々の傾向や個性が見えてきたように思われます。

A子…　ごんと兵十の両方をとらえ、叙述に即して一貫したものを追っていく。最後には、作者の寓意を読み取り自分自身の問題としてとらえている。知的。対自的・論理的。一貫教訓型。

B子…　「一人ぼっち」という語に反応。ごんに同化して「一人ぼっち」という心情を一貫して読んでいく。読みの交流で学んだことを取り入れながら、物語の展開・出来事について順序立って心情を語るようになっている。情的。対他的・心情的／論理的。一貫同化型。

C男…　状況を追っていく。事物や事件について自分なりに善悪を評価し論理的解釈をしながら読む。学習の最後には自分の問題にしてきている。対事的／対自的・論理的。客観的、現実的。状況評価型。

D男…　状況・出来事を楽しんで読んでいく。登場人物を思いやるが、事柄的に割り切っていく現実的な読みをする。同化してのめり込むのでなく大局を掴んでいく読み。対事的情景的。客観的、現実的。状況対応型。

学習者と作品・登場人物とのコミュニケーションや、学習者と級友とのコミュニケーションとなる授業場面の中で、その子の考え方・感じ方、認識の仕方がどのように表れてきて、どう成長しているかを探っていくことは、教師が子どもたちとコミュニケーションをとろうとしている姿だと感じます。その子の、日頃の言動からは見えてこない姿やその子の内面世界が見え、その子の理解や今後の指導につながってくるからです。

(注一) 益地憲一 『国語科評価の実践的探究』(一九九三) 渓水社 PP. 182-183
(注二) 「東京大学大学院情報学環ベネッセ先端教育技術学講座「BEAT」メールマガジン「Beating」第35号」
(注三) 牧島亮夫 「会の名称を『子供理解を徹する』とした意味」(一九九九)
「子供理解を徹する」創刊号 子供理解を徹する会編 P. 6
(注四) 二次感想文の執筆には、次の三つの意義が期待できると考える。
一つは、学習者自身にとって、二次感想文を執筆することは、今までの自己の「読み」や「登場人物や物語」を統合化・対象化して「批評」する一つの機会になることである。

二つめは、学習者の学習の軌跡を事前・時中・事後の資料とすることの価値である。

三つめは、「読み」の過程での学習者の「読み」の揺れ動き、ダイナミズムとしての傾向が見えてくるという点である。

学習者が二次感想を書くことで、初発感想が対象化される。自らの学習の軌跡を確認し、自らの「読み」の動きを感じることが自己認知を可能にする。教師の側から見ると、二次感想文は学習者の到達点を評価する一つの手掛かりとなる。そして、初発感想文と二次感想文との比較を通して「読み」の変容や「読み」の特徴を浮き彫りにすることで、個々の学習者の「読み」の傾向を把握することが可能となる。
(注五) 平成八年度 信州新町中央小学校 四年H組 「ごんぎつね」の実践から

1年「怪獣につかまった！」

Ⅱ 実践編

3年「大玉送り」

一　小学校一年生が友達とともに　文学的文章を楽しく読む学習を目指して
「くじらぐも」、「ずうっと、ずっと、大すきだよ」（小１）

一　はじめに

（一）テーマ設定の理由

戸隠小学校は戸隠山・飯綱山を背にする風光明媚な地区にある。本校・分校共に児童数七十名程度の小規模校であり、児童が全員の名前を覚え合うアットホームな雰囲気のなかで伸び伸びと学校生活を送っている。しかし、自分の思いを進んで表出できないという実態があり、「語り合う子どもの育成」という基本方針のもとに研究を進めている。

本学級一年H組は男子四名、女子四名、計八名のクラスである。「勉強は学校で」という地域の意識が強いのであろう、入学時に数名の子どもは平仮名があまり読めない状況であった。また、保育所からまったく同じメンバーで過ごしてきている。安定はしているものの、すでに級友への評価や見方が固定化してしまっているという問題も感じられる。

そんな一年生の子ども達に、読む力を着けながら様々な読みの存在に気づいて文学作品を読むことの面白さを実感できるようにしたいと考えた。一年生なりに仲間と言葉を通してコミュニケーションすることのよさを知り、仲間の内面世界や個性について新しい発見をしていくための基礎づくりとなる学習の成立を願っている。

（二）研究の方向

1　小学校一年生にとっての動作化の効果について考察し、読む力の向上にどのように寄与しているかを考えてみたい。また、登場人物に手紙を書くことは、自分と他者について考える状況を生むことになる。子ども達が手紙を書くという行為の価値についても考えてみたい。

2　登場人物の考えや気持ちを想像し、一年生なりにその理由について考えることは、子どもの思考力を鍛えることにつながる。また、他者の気持ちを考える経験はコミュニケーション力の向上に寄与するものでもあると考えられる。高学年での「空所」を自覚して課題解決していくための基盤づくりとして、一年生に問題解決をどのようにさせていったらよいのかも考えてみたい。

3　文学教材の登場人物に対する感想や考えを級友と伝え合うことは、話題を共有し、個々の相違に気づくきっかけとなる。そのことは新たな人間関係の構築につながるものであると考えられる。実際の交流場面や個々の読みの傾向について分析してみたい。

一年教科書「下」（光村図書）に載っている文学教材二作品を扱った実践について考察し、成果や課題を明らかにしたいと考える。

・「くじらぐも」（中川李枝子作）
・「ずうっと、ずっと、大すきだよ」（ハンス＝ウイルヘルム作、久山太市訳）

二 「くじらぐも」の実践から

（一）授業計画

1 単元名 こえに だして よもう「くじらぐも」（中川李枝子作）

2 目標

場面の様子を想像しながら読み、音読や動作化を工夫したりくじらぐもに対する感想を発表し合ったりしてお話を楽しむ。

3 展開の大要

1時	あらすじをつかみ、一人で音読したり友達と音読したりする。
2〜4時	新しく出てきた漢字や片仮名の練習をする。
5時	「好きな場面や読んで思ったこと」を書いて、発表し合う。
6〜8時	子ども達やくじらぐもの様子を動作化して読み取りながら楽しむ。

9時　教師の出した問題に対して個々に考えを書く。
10時　「くじらぐもはどんな雲だったか。」それぞれが思ったことを発表する。
11～12時　物語を読んで思ったことや考えたことを「くじらぐもへの手紙」の形式にして書く。

（二）授業の実際

1　初発感想から見た教材「くじらぐも」

文学作品「くじらぐも」と出会ったとき、子どもたちはどのような立場で読み、直感的な感受を行っているのだろうか。初発の感想で、「心に残った好きなところや読んで思ったこと」を書かせてみた。

A男は、心に残ったところとして「あのくじらは、きっとがっこうがすきなんだね。」をあげ、「くじらが学校のことが好きなことが嬉しかった」としている。登場人物の自分と同じ一年生の子どもたちと同化し、自らも「嬉しい」のである。C男の「くじらが帰ったところが悲しかった。」、E子の『『さようなら』のところが寂しかった。」といった感想も、読みながら登場人物になり切っていることがうかがえる。

また、B子は「『さようなら』みんなが手をふったとき」をあげ、「みんなが手を振ったから偉いと思いました。」と記している。低学年らしい道徳読みの世界であり、登場人物の子どもたちと同じ世界に立って行為を判断したものであろう。

C男は「空は、どこまでもどこまでもつづきます。」、D男は「空のなかへかえっていきました。」、E子は「うみのほうへ、むらのほうへ、まちのほうへ。」、G子は「くものくじらは、また、げんきよく、あおい空のなかへかえっていきました。」をあげている。三人は情景を思い浮かべながら「空」の持つ解放感を感じ取っている。

F男は「天まで　とどけ、一、二、三。」を、H子は「おうい。」、「まわれ、右。」をあげている。言葉の持つ楽しさ語感のよさ、くじらが子どもたちと同じ行動をする楽しさを感じとっている。

以上から次のように考えられる。「くじらぐも」のフィクションの世界に子どもたちは抵抗なく溶け込んで楽しんでいる。登場人物の子どもたちになりきって同化し、嬉しさや寂しさ、空をとぶ解放感を味わっている。

2　動作化

入学時にほとんど平仮名が読めなかった子ども数名は、今まで学習した文学教材に比べてページ数の多い「くじらぐも」も、初めは拾い読みからスタートした。毎時間の音読や家庭学習での音読カードを繰り返すなかで次第に、個々の活字を読むのではなく、言葉や文章として読めるようになってきた。

音読練習に変化をつけるために、教室では「教師の範読について音読する、友達と二人一組になり『。』で切って交互に音読する」といった方法も取り入れてきた。

ある程度音読に自信が出てくると、大人しいE子が「先生、劇やりたい。」と言ってきた。それをきっかけに「劇やりたい。」と全員の大合唱となった。今まで「おむすびころりん」での動作化や「大きなかぶ」の劇化の学習を楽しみ、デイ・サービスセンター訪問や祖父母参観日で発表してきた子どもたちである。

動作化は、役割やナレーターを決め、役を交代しながら行った。体育館でくじらぐもはステージ上、子どもたちと先生はフロアでスタートする。地の文の通りに動かなければならないことは叙述を正確に読むことにつながる。「とぶ高さの三十センチと五十センチの違い。主語と述語の対応。ステージのくものくじらの上にのるときは『「手をつないだまま」であるといった修飾語。三回言う『天までとどけ一、二、三。』は何回目を大きく言えばいいか。会話文は誰の台詞なのか。」等々、相談しながら進めることになる。このことは自然に文章に着目させることになる。

役を交代しながら何回行っても、子どもたちは「もう一回やりたい。」と飽きることがない。一年生にとって、くじらぐもや先生になることも楽しく、友達と体操をしたり手をつないでジャンプしたりすることも楽しいのであろう。体育の時間の模倣遊びが大好きで、休み時間に「戦いごっこ」や「犬夜叉ごっこ」で遊び、家に帰ってから「学校ごっこ」をして遊んでいる子どもたちなのである。

「くじらぐも」のフィクションの世界に抵抗なく溶け込み、登場人物の子どもたちになりきって同化した子どもたちは、嬉しさや寂しさ空をとぶ解放感を味わいながら、「くじらぐも」の世界を疑似体験することを楽しんでいる。そして、書いてあるとおりに演じようとすることは、文章に着目し、読む力を向上させることにつながっていくのではないかと考えられる。

3　「問い」に対する取り組み

学習者が「自らの課題」を成立させることが、個に即し個性を伸ばす教育の第一歩となる。子どもが自らに生じた「空所」の補填・検証を行う方向で課題化や個人追求を行える子どもに育てたい。中・高学年では空所を自覚して自ら課題解決していく自問自答が可能となるよう、一年生の段階からその基盤を作っていく必要がある。

急に「自らの課題」を設定することは困難に思われたので、教師側で以下のような問題を用意した。いくつでもいいから自分で選んで考え、書いたものを教師に見せるようにした。「自らの課題」を「問い」

の形で持つことを例示することと、問題解決・個人追求の経験をさせることをねらったのである。

① みんな　どうして手をつないだのかな。
② みんなは　どうして少しずつ高くとべたのかな。
③ 三回目に　くじらぐもまで飛べたのは　どうしてかな。
④ 雲のくじらに乗って　空を進んでいるとき、みんなは　どんな気持ちだったでしょう。
⑤ くじらぐもが「では、かえろう」と言ったとき、みんなはどんな気持ちだったでしょう
⑥ 「さようなら」と手をふったとき、みんなは　どんな気持ちだったでしょう。
⑦ 「さようなら」と帰っていく　くじらぐもに、何を言いたいですか。

4　「読み」の交流

上記のなかで取り組んだ子どもが多かった問題に対する考えや「くじらぐもはどんな雲だったか。」と学習のまとめになる話題を提示して、思いを交流する場を設定した。話題を共有するなかで個々の相違に気づくための場となることを願った。

T　**少しずつ高く跳べたのはどうしてですか。**
D男　しゃがんでジャンプしたから。
G子　くじらが応援したから。
B子　みんなが力を合わせたから。

C男　やっているうちにどんどんうまくなっていった。
E子　「天までとどけ、一、二、三。」と言ったから。
D男　大きな声で言ったから。
T　いいと思った考えはどれですか。

D男は自分の生活体験から、「しゃがんで」反動をつけると高く跳べると思い発表したのであろう。しかし、文章に書かれていないことからその考えは支持されなかった。最後のE子の「『天までとどけ、一、二、三。』」と言ったから」だという考えには、「大きな声で言ったから」と、だんだん声を大きくしていったという劇化での話し合いを生かして補強をすることができた。

T　**くじらぐもにのっているときの気持ちはどうだったでしょう。**
C　楽しかった。
T　どんなところからそう思いましたか。
C男　「さあ、およぐぞ」のところ。（F男「同じところ」）
E子　歌を歌ったから。（A男、C男、D男「同じところ」）
G子　海や村や町へつれてっていってくれたから。
H子　「げんきいっぱいすすんでいきました」のところから。
（D男、A男、F男、G子、B子「同じところ」）

F男　「空は、どこまでもどこまでもつづきます」のところから。

初発の感想から、くじらぐもに乗っている場面や「空」の場面をあげている子どもたちが多かった。ここでは、くじらぐもに乗っている場面を「楽しい」と感じ取る叙述が多様で相違があることを感じ取ったのではないかと思われる。

T　**くじらぐもはどんな雲でしたか。**
A男　楽しい雲。
G子　素直で笑っている。
B子　やさしい。
T　「やさしいなあ」と思った人は理由を言ってください。
C男　背中に乗せてくれたから。
H子　海や村へ連れてってくれたから。
G子　ジャングルジムの上に降ろしてくれたから。
A男　応援してくれたから。
D男　親切だから。
F男　お昼になったら学校へ戻ってくれたから。
B子　愉快な気持ちにさせてくれたから。
A男　元気。

T　「元気だ」と思った人は理由を言ってください。
F男　空をどんどん進んでいった。
B子　海の方へ村の方へ行ったから。
A男　「さあ、泳ぐぞ。」と言ったから。
G子　元気いっぱい進んでいったから。

「くじらぐもはやさしい」、「くじらぐもは元気」という思いについては、賛同者が多く、理由がどんどんと出てくるのには驚いた。登場人物の子どもたちになりきって読んだり劇化したりした子どもたちは、「くじらぐも」への思いもはっきりさせてきたのであろう。「優しい」とか「元気」とかの抽象的な言葉を示してもらったときに、具体的な事柄に対する自らの思いが言葉と結びつき、活発な発言を可能にしたのではないかとも思えた。

5　「くじらぐもさん」へ手紙を書こう。

手紙を書くことは相手意識をはっきりさせることになる。書く内容については、読んで思ったことを知らせようと「おどろいたこと、おもしろかったこと、お願いしたいこと、聞いてみたいこと」等の視点を示した。

自分のところへ本当に来てほしいという内容が多い。「また遊ぼうね」と、登場人物になりきっている子どももいる。

女子の全員が「くじらぐも」はやさしいと記している。これは、初発感想の時には全く出てこなかった感想である。動作化を通して実感してきたのかもしれない。なにより、前時の「くじらぐもはどんなくもだったか」という問いに対して、「やさしい」という思いが出され、それぞれから多様な理由が出されたことが印象的だったせいではないかと思われる。「読み」を交流することによって、自らの思いをはっきりさせてくることができたのではないか。

くじらぐもさんが一緒に体操をして、僕たちと体操をやってほしいな。くじらぐもと一緒にご飯を食べたり勉強をやりたいな。くじらの背中に乗ったり遊びたいな。（A男）

くじらぐもさんはなんで空を飛べるのですか。私も飛べるようになりたいです。くじらぐもさんの背中に乗ってみたいな。私は飛んだことがないので、飛びたいな。私は「もう、かえろう」のとき、さびしかったです。私が好きなところは「さあ、およぐぞ」が好きです。ちがうお話作ってね。待ってるからね。くじらぐもさんはやさしいからね。（B子）

こんど家に来てね。本を読んでみたら楽しかったよ。休みのときに来てね。時々、手紙を送ってね。たまあに遊びに来てね。勉強がんばってね。（C男）

くじらぐもさん、また外で遊ぼうね。くじらぐもさん、追いかけっこもしようね。中でも遊ぼうね。（D男）

くじらぐもが乗せてくれたからやさしかった。くじらぐもが応援してくれたからやさしかった。くじらぐも

が誘ってくれたからやさしかった。くじらぐもがジャングルジムの上に乗せてくれたからやさしかった。（E子）

今度、戸隠小学校へ来てね。いっつも太陽が出ていたけど暑くないの。雨が降ってもどこにいるの。風で吹き飛ばされないの。（F男）

どうして空へ来たの。何でやさしいの。なんでみんなを背中に乗せてあげたの。私はくじらぐもさんをやさしいと思いました。（G子）

くじらさんは何でやさしかったの。私も乗りたいな。けど、くじらさんは今、どこにいるんですか。私は戸隠小学校にいます。私はくじらさんが好きです。やさしいからです。くじらさんはジャングルジムの上に乗せたからやさしかった。私はくじらさんを尊敬しています。（H子）

※注：実際にはほとんど平仮名で書いているが、読みやすいように漢字表記に変更している。

三　「ずうっと、ずっと、大すきだよ」の実践から

（一）授業計画

1　単元名　本と　ともだちに　なろう「ずうっと、ずっと、大すきだよ」
（ハンス＝ウイルヘルム作、久山太市訳）

2　目標　想像を広げながら読み、心に残ったところやぼくの気持ちについて想像したことを発表したり本を紹介したりして本を読むことのよさに気づく。

3　展開の大要

1時　あらすじをつかみ、一人で音読したり友達と音読したりする。
2時　新しく出てきた漢字や片仮名の練習をする。
3時　「心に残ったところや読んで思ったこと」を書いて発表し合う。
4時　音読しながら物語のあらましを確認する。
5時　わからないこと、不思議なことを出し合って話し合う。
6時　「子犬をいらないと言ったのはどうしてか。」について、考えを交流する。
7時　物語を読んで思ったことや考えたことを「ぼく」への手紙に書く。
8時　今までに読んだ本のなかから一冊を選び、紹介文を書いて発表し合う。
※　「ずうっと、ずっと、大すきだよ」は、語り手が地の文・登場人物が会話文という形ではなく、「ぼく」に

よって心情が語られており、劇のような形にはなりにくい。また、限られた時数という関係もあって、動作化は行わなかった。語りの形式やエルフの死といった内容のせいだろう、子どもたちからも動作化を望む声は出なかった。

(二) 授業の実際

1 初発感想から見た教材「ずうっと、ずっと、大すきだよ」

「悲しいお話なんだよ。」この物語を学習すると告げたとき、すでに読んでいた何人かの子どもたちから声があがった。

初発感想「心に残ったことや思ったこと」でも、ほとんどの子が、以下のようにエルフが死んだところをあげている。

A男『夜の間に死んだんだ。』が悲しかった。」
C男「エルフが死んだところが心に残った。なぜか夜に死んだ。」
D男「死んだところが悲しかった。」
F男「年をとったとき悲しかった。エルフが死んでいたから。」
G子『夜の間に死んだんだ』悲しかったから。つらいお話だ。」
H子「わたしはエルフが死んだところが悲しくて泣こうとしたけど泣けませんでした。でも、エルフが死んでかわいそうでした。エルフがどんどん太っていったところはおもしろかったけど、かわいそう。」

また、B子は『にいさんや妹もエルフのことが大すきだった。』がおもしろかった。」とし、E子は『そして、ぼくらはいっしょに夢をみた』が楽しかった。」、C男は「エルフがあそんでいるところが楽しそう。」、G子は『でもエルフはぼくの犬だったんだ。』大事にするところが好き。」と記している。それぞれ、エルフを思うぼくや家族の愛情を感じとっていると考えられる。

さらに、A男の「階段を上れないのに無理やり自分の部屋に連れていったのが不思議だった。」、B子の『でも、エルフはぼくの犬だったんだ。』が不思議だった。」という感想には、ぼくの心情を想像しかねる戸惑いもあることがうかがわれる。

F男は「『ずうっと、ずっと、大すきだよ』のことばの感じがいい。」、H子は「エルフは世界で一番すごい犬ですって読んだときびっくりしました。」と、対辞的に感受している。D男の「ママの花壇を崩したところがいけないと思った。」という道徳読みには、エルフと同じ世界に立つ姿を感じさせられる。

2　「自らの課題」の発表

子どもが自らに生じた「空所」の補填・検証を行う方向で課題化や個人追求を行うための基盤作りとして、「くじらぐも」ではその教師側から「問い」の形をいくつか例示して個人追求を試みた。

今回は「『どうしてかわからないな？ふしぎだな？』と思うことを出してください」と、子どもが自らに生じた「空所」を自覚できるように、子どもたちから出させてみた。

そして、答えを思いつく児童に発表させて解決を図ってみた。以下のような発表があった。

「どうしてかな？ふしぎだな？」と思うこと　↓　児童の発表

・エルフが死んでいたこと　↓　年をとったから。

・庭に埋めたこと　　　　　↓　埋めてお墓を作ったから。
・みんなが泣いて肩を抱き合ったこと　↓　悲しいから。
・一緒に夢を見たこと　↓　友達だから。心が通じ合っていたから。一緒に寝たから。
・エルフの方が先に大きくなったこと　↓　犬の方が先に大きくなるから。
・となりの子が子犬をくれると言ったこと↓　エルフが死んで、みんなが泣いていたから。
・一緒に大きくなったこと　↓　小さいころから一緒にいたから。
・毎日一緒に遊んだこと　↓　小さいころから一緒にいたから。
・家族が好きって言わなかったこと↓　言わなくてもわかると思っていたから。
・エルフが太っていったこと　↓　年をとったから。
・エルフが階段を上れなくなったこと　↓　年をとったから。
・おなかを枕にすること　↓　一緒に寝ていたから。
・エルフは世界で一番すばらしい犬だと思うこと
・なにを飼っても「ずうっと、ずっと、大すきだよ」と言ってあげること

時間の関係で、最後の二つは次回の「読みの交流」後に回したが、「どうしてかわからない、不思議」という発表やそれに対する答えの発表は予想以上に活発に行われた。自ら問いを持って追求していくための素地ができつつあることが示されていると思われた。

3　「読み」の交流

となりの子が子犬をくれると言ったのに、どうして「いらない」って言ったのかな。

「読み」の交流の場として、この話題を用意した。前時の「どうしてかな。ふしぎだな」と思うことの発表で出てこなかったことから、この叙述を見落としているのではないかと考えた。また、誰でもそれぞれの学習を生かしてかかわれるのではないかと思われた。まず十分ほど、それぞれで学習カードに考えを書かせてみた。書けたのは八人中六人で、次のような様子だった。

A男　また他の犬も飼ったり猫も飼うから。
B子　死んじゃってもそばにいるから。
C男　エルフが一番に飼ったペットだから。
E子　いらないってわかっていたから。
F男　エルフのバスケットをあげるから。
G子　エルフが一番の友達だから。

実際の交流場面は次のような順に発言が出された。

T　どうして「いらない」って言ったのかな。考えを発表してください。
A男1　ほかの犬も飼うから。
（F男1、D男1、C男1　「A男君と同じです。」）

Ａ男２　金魚も猫も飼うから。（Ｈ子１　「Ａ男君と同じです。」）
Ｃ男２　エルフが初めにもらった犬だから。
Ｇ子１　エルフが一番の友達だから。
Ｂ子１　エルフが世界で一番すばらしい犬だから。
Ｅ子１　兄さんや妹も好きだったから。
Ｃ男３　思い出に残るから。
Ａ男３　エルフの思い出を忘れたくないから。
Ｆ男２　ほかの犬を飼うと、エルフとの思い出を忘れちゃう。
Ｄ男２　Ｆ男君と同じです。
Ａ男４　エルフはぼくの犬だから。
Ｃ男４　エルフが好きだから。
Ａ男５　エルフといっしょに大きくなったから。枕にしたから。
Ｆ男３　エルフのお墓が踏まれてしまうかもしれないから。
Ｔ　ぼくはエルフが好きで、一緒に大きくなってできた思い出を忘れたくないし、大事にしたいと言うんだね。代わりに違う犬を飼えばいいわけじゃないんだよって。今までに、みんなにもそういうことがあったかな。

最初に用紙に考えを書いていたときに予想していたのとは違い、活発に考えが出された。文字言語と出会ったばかりで、書く経験を十分していない子どもたちにとって、書くことよりも聞くこと・話すことの方が抵抗が少ないように感じられた。

C男の「エルフが初めにもらった犬だから。」とG子の「エルフが一番の友達だから。」という発言は、学習カードに書いた考えである。それが、B子の「エルフが世界で一番すばらしい犬だから。」という発言を誘発している。そして、C男が考えを発展させて「思い出に残るから。」と発言したことが、F男たちに波及していった。

最初に学習カードに書くときF男は、「どうして『いらない』って言ったのかわからない。」と困ってしまった。結局、「エルフのバスケットをあげるから。」と書いて交流に挑んだ。最初「ほかの犬を飼うから。」というA男の考えを聞いた後、挙手をして「A男君と同じ。」と発言したF男だった。しかし、C男の「思い出に残るから。」を受けたA男の「エルフの思い出を忘れたくないから。」という発言をきいたとき、思わず「ほかの犬を飼うと、エルフとの思い出を忘れちゃう。」とつぶやいた。

教師の指名を受けてそれを発言したF男は、その後「エルフのお墓が踏まれてしまうかもしれないから。」と発言する。エルフの思い出を大事にしたいという考えの延長ではないかと思われる。

以上から、友達の考えを聞くことは共感をよぶことであると考えられる。それは、子どもたちにとって、自己の「読み」に変容をせまり、自己の「読み」を発展させるものであったと思われる。実際、節目節目で発言していったA男は「みんなの発表を聞くと、新しい考えがどんどん浮かんでくる」と、考えを発展させた理由を述べている。

最後に似たような経験がなかったかたずねてみた。飼っている動物が死んでしまった経験は、多くの子どもが持っていた。B子は今年になって祖父をなくしたばかりである。「死んじゃってもそばにいる。」という考えは、そのときに家の人がB子に話したことだったのではないかと思われた。

4　「ぼく」への手紙を書こう

書く内容については、「読んで思ったことを知らせよう」と指示している。

読みの交流で「どうして『いらない』って言ったのかな」について考えを交流した経験がＡ男、Ｂ子、Ｇ子の手紙に生きてきている。また、教師が似たような経験があったかどうか聞いて発表し合ったことが、Ｈ子の手紙に生きてきている。Ｅ子は「くじらぐも」のときに引き続き、「やさしさ」という視点から手紙を書いている。

> ぼくはエルフと「ぼく」が遊んでいるところの話がとても楽しかった。ぼくはエルフが死んだところがとても悲しかったです。
> エルフと「ぼく」は、とても心とかがつながっているように見えました。（Ａ男）〈抜粋〉
> 何で「いらない」って言ったの？私はエルフが一番すばらしい犬だからいらないって言ったと思います。死んじゃってもそばにいるから。（Ｂ子）〈抜粋〉
> 本を読んだよ。おもしろい本だから続きも書いてね。
> 他の動物はなにをかうの？エルフのこと、ずうっと忘れないようにね。エルフが死んだらどういう気持ちがした？（Ｃ男）〈抜粋〉

どうしてエルフのことを好きで、エルフのおなかをまくらにするの？エルフが好きなの？（D男）

エルフのこと大好きだったところがやさしかった。エルフにやわらかい枕をやったところがやさしかった。かわりに、エルフのバスケットをあげたところがやさしかった。いっしょに夢を見て大きくなったところがおもしろかった。エルフが階段を上れなくなったところがかわいそうだった。（E子）

ぼくはどうやってエルフと遊んでいるの？何をして遊んでいるの？読んで、最後のページが悲しかった。エルフが死んだから。（F男）

どうしてとなりの子が「子犬をあげる」って言ったのに「いらない」ってことわったの？わたしはこう思ったよ。一番の友達だからだと思っていたよ。犬って早く死ぬのがわからなかったから勉強になったよ。わたしはエルフが階段を上れなくなったのがわかったよ。年をしたから階段を上れなくなったんだよ。（G子）

エルフが死んでどう思った？私は悲しいです。

私は亀を飼っていたんです。でも、私が保育園の時、足がはまっていました。それで、お墓に入れました。

エルフが好きだったのにかわいそうですね。（H子）〈抜粋〉

※注：実際にはほとんど平仮名で書いているが、読みやすいように漢字表記に変更している。

四　実践の振り返り

「学習者と作品や登場人物とのコミュニケーション」、「学習仲間である級友とのコミュニケーション」の二つのコミュニケーションの面から、示唆されたことを述べていきたい。

(一) 示唆されたこと

1　動作化について

今回は、より劇化に近い形で行っている。「くじらぐも」のような物語を役割分担して演じて楽しむことは、複数の学習者がいるからこそできる喜びであり、学習者間に係わりを生じさせるものであろう。コミュニケーションの基礎は一体感を持てるということであると言われる。音読や動作化で、例えば子どもたちの役になって、みんなで「おうい。」とくじらぐもを呼ぶときに、一体感が生じるのではないか。そのことは、級友とのコミュニケーションを行うための基盤の一つになっていくのではないか。

また、級友と共に、書いてあるとおりに演じようとすることは、登場人物がどんな状況にあり、どんなことをしたのかという客観的な内容の理解を促すことになり、より登場人物の心情に近づくことができる。

学級集団の子ども同士のコミュニケーションはもちろんのこと、子どもと登場人物のコミュニケーションにも寄与するものではないかと考えられる。

2　手紙を書くことについて

手紙を書くということは、まさに相手とのコミュニケーションを意識するものである。登場人物になりきって、その行為を把握したり心的状況を推測する参加者的理解を行っている一年生の子どもたちである。最後のまとめにおいても、物語から距離をとって観察者的に感想を書くのではなく、登場人物に手紙を書くという行為はごく自然である。そのため、自分の思いを表出しやすいのではないかと思われる。その際、学んだことを生かしながら手紙を書けるよう助言したい。

3　「問い」に対して考えを持つこと

コミュニケーションは個人の思考の上に立脚すると言われる。個々人がそれぞれ考えを持っているからこそ、それを交換し共有するためにコミュニケーションは行われる。そうなると、まず考えを持たせる必要がある。登場人物の行動や気持ちについて考えを持ち、一年生なりにその理由について考えることは、子どもの思考力を鍛えることにつながる。また、登場人物という他者の気持ちを考える経験は、コミュニケーション能力の向上に寄与するものでもあると考えられる。

「空所」を読もうとすることは、登場人物の行動や心情について語られていない部分を補填していこうとする姿勢である。そのことは、日常生活でも、他者の行動や心情を理解しようとする姿勢につながるのではないかと思われる。高学年での「空所」を自覚して自ら課題解決していくための基盤づくりとして、教師が問いを例示してやることや、子どもの「どうしてかわからない。ふしぎだな」という思いを自覚させることは大切であろう。

考えさせるとき、一年生の場合は語彙も少なく思いをうまく言葉にできないので、援助したり解釈したりする必要がある。また、小学校入学して初めて平仮名に触れている子どもがいるので、考えを書かせる場合には抵抗があることを考慮する必要があるだろう。

4　「読み」の交流について

教室では複数の学習者がいるからこその発見や喜びがある。文学教材から話題を設定し、感想や考えを級友と伝え合うことは、個々の相違に気づいたり友達の発言によって自らの考えを発展させたりすることを誘発する。そのことは、「自己認知や視座転換による自己変容」の契機と成り得るものであると考えられる。

高学年の子どもは級友の発言で事柄が決着したことにも満足できる。しかし、一年生は直接的対話の世界で生きている。自らが教師に話しかけて応答を求めることを欲する。

しかし、今回の実践では、友達の考えを聞いて、それをきっかけにしたりヒントにしたりして発言している姿が見られた。聞いたことを受けて共感し発言すること、これはコミュニケーションにおける大切な基礎力の一つではないかと思われる。

5　教材の違いについて

ファンタジー作品である「くじらぐも」では、初めから作品の中へ入りこんで同化して読んでいった。音読や動作化という手立てで楽しく学習していた。

しかし、「ぼく」の語りで進んでいく作品である「ずうっと、ずっと、大すきだよ」は、自分の経験に引き付けることにより、同化が可能になるのではないかと思われる。そのため、心情について検討し自分の経験に思い当たらせることが、登場人物とのコミュニケーションを深め、より同化していくことにつながるのではないだろうか。

(二) 今後の課題

1　学習の技能

子どもたちが、自らの「空所」を読み取ろうと、自らの課題とし自問自答しながら読んでいき、それらの結果得た「読み」を交流していくことが豊なコミュニケーションを可能にすると思われる。

自らの空所を自覚する。↓解決の手がかりとなる叙述を見つけ解釈する。↓それを論拠に問題を解決すべき考えを持つ。↓感想や新たな課題を持つ。

そのために、低学年の段階から素地となる学習を重ねていきたい。「メモ・記録の技能、要約・抜粋の技能、黙読・速読の技能、書写技能、反省・評価の技能」といった学習技能を身に着けていくことも必要となってくる。

2　学習者の把握

学習者を知ることによって、その子への支援について見通しや予測を持つことが可能になる。学習者の内面に目を向け「解釈・仮説・修正」を続けていく必要がある。それぞれの感じ方・考え方を認め合い尊重する姿勢が、友達とともに文学的文章を楽しく読むことにつながる。教師もそれぞれの感じ方・考え方、その子の「読み」の傾向性を尊重していきたい。

A男　登場人物になりきる。友達の発表を聞いて考えを発展させていく。論理的。
B子　自分の経験と結びつけて考える。心情的に判断する。
C男　登場人物になりきりながらも「本」と一歩離れる面もある。論理的。

D男　登場人物になりきり、自らの経験内で考える。道徳読みの傾向が強い。
E子　「やさしかった」のように獲得した言葉にこだわり相手について考える。
F男　まず語感に着目する。現実的・科学的に考える面がある。情景的。
G子　全体を把握し関係をつかんでいく点で論理的。自らの心情を語る。
H子　語感に着目する。自らの体験・心情を語る対自的な面がある。

3　支援の方法

一年生にとって有効と思われる手立てを更に工夫していきたい。文字言語に抵抗のある子どもにあらすじをつかませるのに挿絵が有効であった。例えば「読み」の交流の場面でも、絵をきっかけにすることで、話すことがより可能になる子どもがいるかもしれない。また、登場人物に書く手紙だけでなく、友達同士での往復書簡のような形式にすることで、より深まった語り合いを可能にできるかもしれない。

声をそろえて読むところから友達とのコミュニケーションを始める一年生が、「共に考え、相互啓発的に対話しコミュニケーションしていけるような学習」ができるようになるまでの道のりは平坦ではない。発達段階を考慮しながらの計画的な支援を工夫する必要があるだろう。

二　子どもたちの「不思議」から出発した二者択一の話題を設定して

「かたつむりくんに手紙をわたしてよかったのかな」『お手紙』（小2）

本学級の子どもたちは、統合により新しい友達と知り合い、お互いに理解を深めてきている。また、「人のいやがることを言ったりやったりしないようにしよう」ということを一つの規範として行動しようとしている。

しかし、そのためには、他者の心情を思いやったり心情について語り合ったりすることが必要となる。低学年の自己中心性の強い時期においては、他者の心情を想像したり場の雰囲気を読んだりする力には、かなりの個人差がある。そのため、具体式な生活場面において経験を重ねていかなければならない。加えて、親しい者との一対一のやりとりである一次的言語から発展して、不特定多数にも語ることのできる二次的言語を習得し始めたばかりの時期でもある。そのための学習経験を積んでいくことが必要であると考えられる。

一　はじめに

（一）　教材のどこに着目するか

「お手紙」（アーノルド＝ローベル作、みきたく訳）

「お手紙」はコミュニケーションの物語であるとみることができる。コミュニケーションの一つの形である手紙を待ち続ける「がまくん」の姿をきっかけに、「がまくん」と「かえるくん」という登場人物同士のコミュニケーションがえがかれる。

子どもたちは、素直で子どもらしい登場人物に感情移入しながら読み、二人が「かなしい気分」から「しあわせな気持ち」に至る過程を楽しみ、結末に安堵することとなる。

この物語で、かたつむり君の果たす役割は大きい。かえる君が、手紙を「かたつむりくん」に頼むという仕掛けから生じる「はらはらどきどき感と解放感」がストーリー展開やリズム、ユーモアを生み、結果的に二人で手紙を待つ幸せな時間を作り出して、二人の友情の深まりに大きく役立っているからである。

（二）　学習者の実態

子どもたちは「お手紙」を読んで、それぞれが違う叙述に着目し、個性的な感想を持っている。出来事や情景を読む子ども、情感的に心情を読んでいく子ども、言葉や行為の意味を考え、論理的に読む子どもも等である。初発の感想で多かったのは、次の四点であった。その他にも、「お手紙が来ないと決め付けるがま君の態度」や「親愛、親友といった手紙の内容」に関して取り上げた子どももいた。

・かえる君の行為がいい。優しい。
・がま君がお手紙をもらえてよかった。喜んでよかった。
・かたつむり君に頼んだことが不思議。
・がま君が、今まで手紙をもらえなかったことが不思議。

そこで、「悲しくなり急いで家に帰るかえる君の心情、二人の人物像の対比、お手紙の内容を聞いたがま君の心情」といった点に焦点をあてると共に、「かたつむりに手紙を渡してよかったのか」という話題を取り上げてみようと考えた。子ども達にとって空所となっているという事実があることが第一の理由である。また、二者択一の問いに対して、子どもたちが自分なりに根拠を持って考え、それを交流することは、相違をはっきりさせたり新たな価値観に気づいていったりするコミュニケーションを成立させるのではないかと期待されるからである。

友達の発表を聞いて考えを発展させていく子どもや、かえる君、がま君それぞれに心をよせている子どもの発言を聞いて、関係をつかんでいく子どももいるだろう。子どもには、それぞれの感じ方・考え方の違いから来るそれぞれの読みの傾向があり、読みの交流というコミュニケーションを通して、相互に影響を与え合うことが期待できる。

(三)　教師のねらい

子どもたちは、疑問を感じ、その答えをテクストの中から捜し出していく営みを重ねるなかで、登場人物と読み手とのコミュニケーションを深めていく。それを生かし、教師が話題を設定して、友達と意見交換する場を設けることが、読みの交流という級友間のコミュニケーションを可能とする。文学の読みを、対人コミュニケーションを学習する場の一つとして位置づけ、学習者の学びの様相をとらえていきたい。

二　授業計画

(一) 目標

1 「お手紙」を楽しく読むことから、「かえるくんとがまくん」シリーズの他のお話に興味を持ち、読書への意欲を高める。(関心・意欲・態度)

2 場面の様子や「がまくん、かえるくん」の心情等について、想像をしたり考えをもったりしながら読み、それを級友と発表し合って、読みを交流することができる。(読むこと)

(二) 学習計画　全十二時間(紙人形作りは図工科の時間に行う。)

学習活動	時
1 手紙についての体験を話し合ったりお話の内容を予測したりし、音読や紙人形劇(ペープサート)をしながらの役割読みを楽しむ。	2
2 挿絵をもとに物語のあらすじを確認し、初発の感想を書いて発表し合う。	1
1 話題に対して、自分の考えを発表し合い、友達との「読みの交流」を行う。	6

①かえるくんまで悲しいのはなぜかな。
②かえるくんが、「大急ぎで」家に帰ったのはなぜかな。
③二人の様子を比べましょう。
④「いい手紙だ」というのは、どこがいいのかな。
⑤かたつむりくんに手紙を渡してよかったのかな。

1　「がまくんやかえるくん」に、お手紙を書く。
2　がまくんとかえるくんシリーズの他のお話を読む。

3

三　授業の実際

第九時「かたつむり君に手紙を渡してよかったのかな。」の授業について、K児の学びの姿から示唆されたことを述べていきたい。

前時に考えを書かせてみたところ、「よくなかった」という子と「よかった」という子が半々だった。中には、迷って両方の考えの理由を書いていた子もいたが、自分なりに、理由をもって、どちらかの立場に立つことができていた。

K児は、初発の感想で、「お手紙をもらったところが心に残りました。お手紙をもらえてよかったです。」と、登場人物に感情移入しながら出来事を読んでいた。前時では、「親友」という言葉にも反応してきた。

問題

かたつむりくんにお手紙をわたして上かったのですか。

考え

さいごのところの、「とてもよろこびました」をよくかんがえてみたら、かたつむりくんにわたしてよかったんだなと思いました。

わたしは、かたつむりくんにおてがみをわたしてよかったと思いました。

もとになった　ことばや文

とてもよろこびました。

四日たって

問題

かたつむりくんに、お手紙をわたしてよかったのですか？

考え

わたさないほうがいいと思った。

りゆう　かえるくんが書いたお手紙だから。

りゆう　かえるくんがわたせば、もっと早くわたせたのに、かたつむりくんにわたしちゃったから四日もたっちゃった。

もとになった　ことばや文

「おねがいだけど、このお手紙をがまくんの家へもっていって、ゆうびんうけにいれてきてくれないかい。」

四日たってかたつむりくんががまくんの家につきました。

「かたつむりくんに手紙をわたしてよかったのかな」

T　　：「よくなかった」という人から、**考え**ともとになった言葉や文章を発表して下さい。
A児　：**四日もかかって渡したからよくない。**もとになった文は「四日たって」という所から。
Y児　：**もっと早く渡せたからよくない。**「四日たって」から。
SS児：**そのままお手紙をあげれば、四日もたたずに届けられて、がま君はとっても喜んだと思う。**
YA児：**四日もたったからよくない。**「四日たって」から。
B児　：**四日も待てば待ちくたびれてしまう。**「四日たって」から。
SK児：**「すぐやるぜ」って言ったのに遅い。**
M児　：**遅くなるからかたつむり君に渡さない方がよかった。**
D児　：**自分で渡せばすっきりする。**「かたつむりくんは、まだ、やって来ません」から。
KY児：**直接渡して喜ばせればいい。**「このお手紙をがまくんの家へもっていって、ゆうびんうけに入れてきてくれないかい」から。
AK児：**人に任せるのはよくない。**同じところから。
TH児：**すぐに戻るから、自分で届ければいい。**「それから、かえるくんは、がまくんの家にもどりました」から。
K児　：**いい言葉が書いてある手紙なのに、四日もたったからよくない。**「すぐやるぜ」から。

Ｋ児は、本時では、「いい言葉が書いてある手紙なのに、四日もたったから、自分で届ければいいと思う」と、手紙を、かたつむり君に渡さない方がよかったと考えていた。そこには、早くがま君を喜ばせてあげればよかったのにという気持ちが感じられる。

Ｔ　：それでは、「よかった」という人、言ってください。
ＡＹ児：**お手紙が来るのを待っていて、来て喜んでくれたら嬉しい。**「このお手紙をがまくんの家へもっていって、ゆうびんうけに入れてきてくれないかい」から。
ＳＭ児：**かたつむりくんがせっせと運んでくれて、着いたから。**「まかせてくれよ」「すぐやるぜ」から。
ＳＫ児：**かたつむりくんが**「**とどける**」**と言ってくれたから。**
ＹＢ児：**お手紙を待つのが楽しみだからいい。**「ふたりは、げんかんに出て、お手紙の来るのをまっていました」から。
ＭＳ児：**四日たったけど、渡ってよかったからいい。**「かえるくんからのお手紙を、がまくんにわたしました」から。
ＹＣ児：「**がまくんがとても喜んだ**」からいい。
ＫＹ児：**お楽しみにしてあげたい。**「だって、ぼくがきみにお手紙出したんだもの」から。
Ｔ児：**かたつむりくんに渡せば、**お手紙になる。「だってぼくがきみにお手紙出したんだもの」から。
Ｚ児：**郵便受けに入れてもらえるから。がまくんは、いつも郵便受けを見ていたから。**
Ｓ児：「まかせてくれよ」から、**かえる君は、がま君に、誰かが絶対お手紙をくれるということを知らせる**

ために、かたつむり君に渡した。
SA児：**かたつむりくんに渡して、お手紙にしたかった。**「だってぼくがきみにお手紙出したんだもの」から。
YD児：**秘密にしたいから。**「かえるくんからのお手紙を、がまくんにわたしました」から。

教師は、次のように、対比しやすいように板書していった。

A児「四日もかかって渡したから、よくない。」⇕MS児「四日たったけど渡ってよかった。」
Y児「もっと早く渡せるから、よくない。」⇕YB児「お手紙を待つのが楽しみだから、いい。」
B児「四日も待てば待ちくたびれる。」⇕AY児「待っていて、来て、喜んでくれたからいい。」
AK児「人に任せるのはよくない。」⇕T児「かたつむり君に頼めばお手紙になる。」

K児は、T児の「届けてもらえば手紙になる。」という発言で、「おや」というような表情になっている。また、Z児の「郵便受けにいれてもらえるから。がまくんは、いつも郵便受けを見ていたから。」という発言に対して授業者が、「がま君は、毎日郵便受けを見てたんだよね。」と相槌を打ったのを聞いて、「あぁ、すごいね。」とつぶやいている。そして、S児の「誰かが絶対お手紙をくれるということを知らせるために、かたつむり君に渡した。」という発言を聞き、再び「あぁ。」とつぶやいている。そこには、友達の考えを傾聴し、自分の考えを見返している様子がうかがわれた。

T　：　みんなから出なかった叙述があるんだけど、（カードを貼る）
　「ふたりとも、とてもしあわせな気もちで、そこにすわっていました」。
　お手紙を待つ二人は、どうして幸せなのかな。
D児　：　お手紙にいいことが書いてあったから。
KK児：　かえるくんがお手紙を出してくれたのを知らせてくれたから。
SS児：　がまくんが、お手紙をもらうから喜んでいたら、かえるくんも喜んでもらってよかったから、二人は喜んだ。
YC児：　がまくんは、書いてもらったことを教えてもらって喜んだ。
A児　：　がまくんは、お手紙に書いてくれたことを聞いて幸せ。かえるくんは、「いいお手紙だ」とがまくんに言ってもらえて幸せ。
T　：　本時で「いいと思った友達の考え」を書いて下さい。

「ふたりとも、とてもしあわせな気もちで、そこにすわっていました。」という叙述が、子どもたちから出てこなかったので、教師が取り上げて、「お手紙を待つ二人は、どうして幸せなのかな。」という問い直しを行った。

K児は、「かえる君がお手紙をくれると言って、しかもいい言葉が書いてあったから。」と記している。

そして、「いいと思った友達の考えとその理由」には、ＹＢ児の「お手紙を待つのが楽しみだからいい。」を取り上げ、「ＹＢ君のがいいと思いました。理由は、本当に待つのが楽しみだから。」と書いていた。「いい言葉が書いてある」ことにこだわりつつ、「手紙」を待つことの楽しさに気づいてきていることがうかがえる。

Ｋ児は、読みの交流での級友の発言を聞くことを通して、かえる君の渡したいお手紙は、がま君が毎日郵便受けを見て待っている、第三者によって届けられる「お手紙」であったことや、最後の、かたつむり君が到着するまでの四日間は「ふたりとも、とてもしあわせな気もち」を味わえる楽しい時間であったことに、気づくことができてきたと思われる。

四　実践の振り返り

（一）「かたつむり君に渡さない方がよかった」という読み

『すぐやるぜ』と言ったのに、四日もかかって渡した。」、「もっと早く渡せる。」、「人に任せるのはよくない。」といった考えには、子ども達の価値観が表れている。「かわいそうな」がま君を「早く喜ばせてあげたい」という願いも感じられる。

この時期の子どもは、「道徳読み」の傾向が強い。道徳読みとは、「登場人物の現象的行為にのみ視野を限定され、自らの持つ社会的道徳基準を拠り所として、善い・悪い、こうした方がよいと登場人物の行為を道徳的な善悪でのみ判断・限定して読む」読みである。また、感情移入して参加者的に読んでいくこの時期の子ども達には、観察者的に物語全体を捉えることには抵抗があると思われる。従って、かたつむりくんの登場が、物語を展開させ、二人の友情の深まりに力を貸すというテクストの仕組みに自ら気づいていくことや、思いやる優しさとユーモアに関わっていることに自ら気づいていくことは、まだ難しい。

それだけに、個々の様々な価値観や、題材の状況に応じて判断する読みを発表し合い交流する、本時のような学習経験が必要であると思われる。教師は、そのための話題の設定や着目させる叙述の決め出しをしていかなければならない。

(二)　対人コミュニケーションを学習する場としての文学の読み

子どもたちの立場が明確であったこと、個々が考えを持っていることは傾聴につながり、読みの交流を通して聞き合う中で、新たな読みに気づいたり、自分の読みを見返したりする経験を可能にした。

教室での読みの交流は、読みの傾向の違う複数の学習者がいるからこその発見や喜びがある。文学教材から話題を設定し、感想や考えを級友と伝え合うことは、個々の相違に気づいたり友達の発言によって自らの考えを発展させたりすることを誘発し、「自己認知や視座転換による自己変容」の契機と成り得るものである。文章を媒体として登場人物とのコミュニケーションを行った子どもたちが、それを仲間と語り合い読みを交流することで、言葉を通してのコミュニケーションを行うことになる。そのことは、文学作品を読むことの面白さを実感したり仲間の内面世界や個性について新しい発見をしたりするための基礎づくりとなっていくと考える。

三　個々の「読み」を交流するための場面設定のあり方

「おじいさんが病気になったのは、どうしてだろう」「三年とうげ」（小３）

一　はじめに　（研究の方向）

読む力を着けながら、様々な読みの存在に気づいて、文学作品を読むことの面白さを実感できるようにしたい。仲間の内面世界や個性について新しい発見をしていくための基礎づくりとなり、仲間と言葉を通してコミュニケーションすることのよさを知ることができるような学習の成立を目指した。

・学習者と作品や登場人物とのコミュニケーションを深めるためには、各自がまず主体的にテクストに関わり、自らの「読み」を生成していく必要がある。そのことが、個々それぞれの「読み」を交換し共有するためのコミュニケーションを可能とする。主体的な「読み」をさせるために、読者論における「空所」理論に着目し、自らに生じた「空所」の補填・検証を行う方向で課題化や個人追求を行えるように単元展開を工夫し、考察を加えてみたい。

・「読みの交流」では、子ども達が各自の「読み」を伝え合うために、共通の場となるべき「誰でも係われ」、「多様な考えが出される」ような話題を用意したい。個々の相違に気づいたり友達の発言によって自らの考えを発展させたりすることを誘発できるようなものである。聞いたことを受けて共感し発言することは、コミュニケーションにおける大切な基礎力の一つとなる。話題の設定、児童の学習活動、板書・発問といった支援等、「読み」の交流における望ましい場の設定について考察したい。

・学習者を知ることによって、その子への支援について見通しや予測を持つことが可能になる。そのためにも、学習者の内面に目を向け「解釈・仮説・修正」を続けていく必要がある。また、授業者のそれぞれの感じ方・考え方を尊重する姿勢が、子ども達の認め合いや、友達とともに文学的文章を楽しく読むことにつながる。個々の「読み」の傾向をとらえ、学習者と学習仲間である級友とのコミュニケーションとなる授業場面の中で、どのように現れてきているかについて分析したい。

二　授業計画

(一)　単元名

本と友だちになろう「三年とうげ」(李錦玉作)　光村3年上

（二）単元設定の理由

子どもたちは、入学以来、数々の文学作品をテクストにした学習を経験してきている。

一年生では、音読・動作化・劇化・紙芝居作り等を楽しみながら、登場人物の心情についての自分達の読みを交流し合う経験をしてきた。その中で、登場人物に同化したり感情移入しながら物語世界をみんなで擬似体験したり、「みんなの発表を聞くと、新しい考えがどんどん浮かんでくる」（A男）と、聞き合うなかで「読み」を変容をさせたり発展させたりする経験をしてきた。

二年生の「お手紙」の学習では、自らに生じた「空所」の補填・検証を行う方向で課題化や個人追求を行えるよう、自分で学習問題を作って考える、自問自答することを経験した。また、「読み」の交流をする中で、初発の感想で着目した言葉やそれまでに獲得した価値観を出し合う姿が見られた。そして、お手紙をもらったという事実だけではなく、親友がくれた事やお手紙の内容にも着目して多様な「読み」を経験することができた。各自の「読み」の傾向を生かしながら、相違に気づき、自らの「読み」を発展させる姿が見られた。

テクスト「三年とうげ」は、朝鮮半島の農村を舞台にした民話である。リズムやテンポのある語り口、分かりやすい構成、トルトリのとんちや最後のなぞかけ等、子ども達は楽しく読むであろう。作者の李錦玉は、「かつては、日本にも存在していた村落共同体の中むつまじい暮らし、老人を敬愛し不幸も喜びも分かちあい助けあうという底ぬけに明るく大らかな人々の姿が浮かび上がります。少年の機智にとんだ一言、発想の転換が、固定観念にとらわれた老人に力を与え、生きかえらせるのです」(注一)と述べている。村落共同体や老人と共に生活していく姿は、戸隠村にはまだ残っているのではないかと思われる。助け合って生きていくことや心の通じ合いについても学んでいけるであろう。

なお、「三年とうげ」の学習の後には、おもしろさが伝わるように工夫して本の帯を書くと共に、他のお話の帯作りにも発展させ、より楽しく学習しながら読書の力をつけていきたいと考える。

(三)　単元の目標

◎　お話の展開や表現を楽しみ、友達と感想や「読み」を交流して、それぞれの感じ方の違いに気づく。(読む力)

○　「三年とうげ」を読んで、場面の移り変わりや情景を、叙述をもとに想像しながら読む。(ウ)

○　読み取った内容について、おもしろかったこと、不思議なことなど自分の考えをまとめ、一人一人の感じ方に違いがあることに気づく。(エ)

○　書かれている内容の中心や場面の様子がよく分かるように声に出して読む。(カ)

◎　図書館での本の分け方を知り、自分が探して読んだ本について書き方を工夫して「帯」を作り、友達に紹介する。(書く力)

○　読み手に本の戸もしろさが伝わるように工夫して、本の帯の文章を書く。(ア)

○　伝えるために書く必要のある事柄を収集したり選択したりして、本の帯を作る。(イ)

(注一)　小学校国語学習指導書三(上)わかば　平成17.2.25　光村図書出版　P.178-179

(四) 学習計画の大要　全十二時間

次	学習活動	指導	評価規準（主な方法）	時
1	①「三年とうげ」の範読を聞いたり音読したりする。	・学習のめあて「『三年とうげ』のおもしろさをほかの人にも伝えていこう」	○お話に興味を持って、音読を楽しんでいる。 （発言、音読の様子）	1
	②初発の感想を書いて発表し合う。 ・心に残ったところ ・おもしろかったところ ・思ったこと等 ③学習計画を立てる。	・「心に残ったところ」、「おもしろいと思ったこと」、「思ったこと」を観点とする。 ・初発の感想の発表場面では、観点をもとに分類整理しながら板書し、感じ方の違いを確認し合えるようにする。 ・単元名やリード文から、本の帯作りをするために、各自の課題を解決したり、帯作りの材料を探したりしていくという見通しを持たせる。	○自分なりに初発の感想を書くことができると共に、相違を感じながら発表を聞くことができる。（学習カード）	2
2	①それぞれで、課題を設定して、答えをテクストの中から探す。	・子ども達の、各自の疑問をもとに課題を設定し、各自がその答えをテクストの中から探し出していくようにさせる。	○自分なりに、文中からキーとなる叙述を見つけたり、考えを書いたりする。 （学習カード）	3
	②話題に対して、考	・話題を設定し、読みを交流する。		1

	えを持ち、友達と「読みの交流」を行う。	（例）①おじいさんの考え方の変化を調べよう。 ②「ぬるでの木のかげ」で、「だれが」「なんのために」歌ったのでしょう。 ③昔からの言い伝えの歌は何のためにあったのでしょう。	○友達の考えを聞いて、自分の考えを確かめたり発展させたりすることができる。（発言・学習カード）	2 本時
3	①「三年とうげ」の本の帯を作る。	・二次感想をもとに、帯に書き入れる内容や書き方を話し合い、構想カードをもとに下書き・清書させる。 ・作品を見合って、お互いの感じ方や考え方のよさを見つけ合わせる。	○学習したことを生かして帯作りをし、個々の作品のよさを見つけようとしている。（作品、観察）	3
4	①読みたい本を探して読み、本の帯を作る。 ②ブックフェアを開き、本の帯を鑑賞し合う。	・本の探し方を確認し、自分の読みたい本を選ばせる。おすすめの一言や感想等をメモするカードを用意しておく。 ・相手や場面をはっきりさせ、見る人を引き付けるような帯を作るよう意識させる。 ・本の帯のどこに引かれて読みたくなったかを書けるようにした注文表を用意して、相互評価させる。	○自分の好きな本を選んで、本の帯を作ろうとし、読み手に伝えたい部分を自分なりの考えで選び、簡潔に分かりやすく表現している。（作品、観察）	5

【参考】子ども達の作った個々の課題

おじいさん

①

②

56　おじいさんは、何に「うっとり」していたのでしょう。（D男）

56　どうして「足を急がせた」のでしょう。（D男）

56　あんなに気をつけて歩いていたのに、どうして　おじいさんは石につまずいて転んでしまったのでしょう。（A男、D男、H子）

56　転んでしまった時のおじいさんの気持ちは、どうだったでしょう。（B子、C男、F男、G子、H子）

58　病気になってしまったおじいさんの気持ちは、どんなでしょう。（A男、H子）

③

59　トルトリの話を聞いて「うなずきました」という時、おじいさんは、何て考えていたの　でしょう。（A男、G子）

その他

①

54　「ため息の出るほどよいながめ」とは、どういうところでしょう。（B子、D男、E子）

55　「三年とうげで転ぶでない。三年とうげで転んだならば、三年きりしか生きられぬ。」という言いつたえは、なぜできたのでしょう。（A男、B子、C男、E子）

③

58　どうして　トルトリは、病気をなおす方法を知っていたのでしょう。（A男、B子、C男）

④

60　三年とうげのぬるでの木のかげで、「えいやらえいやらえいやらや。一ぺん転べば三年で、十ぺん転べば三十年、百ぺん転べば三百年。こけて転んでひざついて、しりもちついてでんぐりがえり、長生き

59　わざとひっくりかえり転んでいる時、おじいさんは、どんな気持ちでしょう。（A男）
④
61　とうげからふもとまで、ころころころりんと転がり落ちてしまったのは、どうしてでしょう。（A男、D男）
○　どうしておじいさんは、病気になってしまったのでしょう。そして、何でなおったのでしょう。（D男）
○　おじいさんは、どこで変わったのかな。（H子）

するとは、こりゃめでたい。」と、どうして歌ったのかな。（A男、B子、H子）
⑤
62　三年とうげのぬるでの木のかげで、「えいやらえいやらえいやらや。一ぺん転べば三年で、十ぺん転べば三十年、百ぺん転べば三百年。こけて転んでひざついて、しりもちついてでんぐりがえり、長生きするとは、こりゃめでたい。」と歌ったのは、だれだったのかな。（C男、F男）

三	授業の実際

（一）授業記録1　第八時　2005．7．11（月）第3校時

T1：（礼）前の時間は、どんなことをやったか覚えてるかな。
言い伝えの歌と、ぬるでの木のかげから聞こえた歌の違いを考えたね。

C　：　今日は、（板書）みんなで、読んでみましょう。
T２：　**最初に転んだときと、わざと転んだときのおじいさんの気持ちの違いを考えよう。**
　　　考えながら、②③④の場面を音読して、読み終わった人から学習カードに書きましょう。
　　　（音読後、それぞれの学習カードに記述。15分）
T３：　鉛筆を置きましょう。「もとになった言葉や文」と「考え」を、発表してください。
E子１：「**おじいさんは、真っ青になり、がたがたふるえました。**」と『**長生きするとは、こりゃめでたい。**』ざとの方は嬉しかった。
B子１：「**家にすっとんでいき、おばあさんにしがみつき、おいおいなきました。**」と「**おじいさんはすっかりうれしくなりました。**」から、最初に転んだときは、がたがたふるえたけど、後の方は嬉しくなった。
T　：　似ている人いますか。
G子１：「**あんなに気をつけていたのに、おじいさんは、石につまずいて転んでしまいました。おじいさんは、真っ青になり、がたがたふるえました。**」と『**一度転ぶと三年、二度転べば六年、三度転べば九年**』がもとになって、おじいさんが最初転んだときは、真っ青になって家にすっとんでいったけど、わざと転んだときは、何年も生きられるから嬉しそうに転んだ。
A男１：「**おじいさんは、真っ青になり、がたがたふるえました。**」と、「**あんまりうれしくなったので、しまいに、とうげからふもとまで、ころころころりんと、転がり落ちてしまいました。**」というところで、最初に転んだ時は、真っ青になったけど、わざと転んだときはならなかった。わざと転んだときは、ふもとまで転がり落ちたけど、最初はふもとまで転がり落ちなかった。

H子1：「あんなに気をつけていたのに、おじいさんは、石につまずいて転んでしまいました。」と「三年とうげに行き、わざとひっくりかえり、転びました。」から、最初は、悲しい気持ち。理由は、「おいおい泣いた」から。わざと転んだときは、嬉しい気持ち。理由は、「おじいさんは、すっかり嬉しくなりました」と書いてあるから。

D男1：「ああ、どうしよう、どうしよう。わしのじゅみょうは、あと三年じゃ。三年きりしか生きられぬのじゃあ。」と、「けろけろけろっとした顔をして、『もう、わしの病気はなおった。百年も二百年も長生きができるわい。』」から、わざと転んだ方は、長生きできるわいと言っていて、最初は、三年きりしか生きられぬのじゃと言っている。

T：「三年きり」から「長生きできる」へ変わったんだね。

C男1：「三年きりしか生きられぬ」と最初言ったのと、「もう、わしの病気はなおった。百年も二百年も長生きができるわい。」から、最初に転んだおじいさんは、あぶなそうにしていたけど、わざと転んだときのおじいさんは、本当に楽しそうに転んでいた。

F男1：「おじいさんは、真っ青になり、がたがたふるえました。『ああ、どうしよう、どうしよう。わしのじゅみょうは、あと三年じゃ。』」と、「おじいさんは、すっかり嬉しくなりました。『もう、わしの病気はなおった。百年も二百年も長生きができるわい。』」から、「どうしよう、長生きができない」という気持ちが、「もう長生きができる。トルトリの言う通りにしたら、本当に長生きできた」に変わった。

T：一通りみんなから言ってもらいました。
（板書を指しながら）最初に転んだときは、がたがたふるえたり、真っ青になったりして、悲しい気持ちだったのが、嬉しい気持ちに変わったんだね。「三年きり」、「長生きできない」という気持ちから「長

Ｔ４：生きできる」というように変わったという人もいました。「あぶなそうに転んだ」のが「楽しそうに転んだ」に変わったという人もいました。そういう気持ちの変化だね。**おじいさんは、本当はいつ病気が治ったのかな。**
Ｆ男２：わざと転んだ後、治ったと思う。
Ｔ　：教科書でいうとどこかな。
Ｇ子２：「とうげからふもとまで転がり落ちてしまいました」のところ。理由は、次に「こうして、おじいさんは、すっかり元気になり」と書いてあるから。
Ｃ男２：六一ページの、おじいさんが楽しそうに転んでいるところ。
Ｂ子２：「おじいさんは、すっかり楽しくなりました」のところ。
Ｈ子２：「ころころころりんと、転がり落ちてしまいました」のところ
Ｄ男２：「もう、わしの病気はなおった。百年も二百年も長生きができるわい」のところ。理由は、治ったって自分で言ってるから。
Ａ男２：同じところ。
Ｅ子２：同じところ。

Ｔ５：**おじいさんは、なんで病気になったのか**を考えてみると、分かりやすいかな。
Ｂ子３：三年とうげで転んだから病気になった。
Ｔ　：そう思う人？（Ｂ子、Ｈ子、Ｆ男、Ｇ子　４名挙手）
Ｃ男３：ご飯も食べずに布団にもぐりこんでいたから、病気になった。
Ｔ　：そう思う人？（Ｃ男、Ｄ男、Ｅ子、Ａ男　４名挙手）

Ｅ子３：どっちかわかんないよ。
Ｃ男４：何にも食べないと、体が弱って病気になってしまう。
Ｇ子３：言い伝えだから病気になってしまう。
Ｔ　：言い伝えだと、本当に病気になっちゃうのかな。
Ｃ男５：ぼくは、赤アリを踏んだことがあって、五歳頃「赤アリを踏むと火事になる」と知って、おじいさんほどじゃないけど、ちょっと心配だった。気になってたけど、火事にならなかった。
Ｔ　：Ｃ男君は、「赤アリを踏むと火事になる」っていう言い伝えみたいなものを知って、おじいさんみたいに心配していたって言うんだね。石につまずいて三年とうげで転んだから病気になったという人と、何にも食べないで体が弱って病気になったという人がいるので、次の時間に、もう少し考えてみましょう。

Ｔ６：それでは、「いいと思った友達の考えとその理由」を、黒板を見ながら、書いてください。
（５分後）発表してください。
Ｂ子４：Ｃ男君のがいい。理由は、転んだからあぶなくて、わざと転んだから楽しそう。
Ａ男３：Ｂ子ちゃんのがいいと思った。最初はこわいような感じだったけど、最後は嬉しくなったから。
Ｄ男３：Ｇ子ちゃんの「真っ青になって家へ跳びこんだけど」、「嬉しそう」がいいと思う。理由は、確かにいいことを聞くと、嬉しくなるから。
Ｆ男３：Ｄ男君の「三年きりから長生きできる」がいいと思う。理由は、生きられるから。長生きはいいと思った。
Ｃ男６：Ｆ男君の「どうしよう、長生きできない」、「長生きできる」がいいと思った。おじいさんの表情に合

H子3：ってているから。
E子ちゃんのがよかった。理由は、分かりやすくていいなあと思いました。例えば、「おどろいてたけど、嬉しくなった」というのです。
G子4：D男君のがいいと思った。理由は、自分の気持ちで、病気になったり治ったりできるから。
T7：時間が過ぎてしまって、ごめんね。「今日の学習をしてわかったことや思ったこと」を書いてください。

【学習カード「本時の感想」の内容】（注：読みやすいように漢字使用表記にしてある。）
A男：B子ちゃんのが、自分よりいいなあと思いました。どこがいいかと言うと、B子ちゃんは「嬉しい」と書いたけど、ぼくは書いていない。おじいさんが最初に転んだときと、わざと転んだときの気持ちを、みんなで考えると、いろんな気持ちがあることが分かった。
B子：（親戚の葬儀のため、早退）
C男：みんなの書いたときの気持ちになれてよかった。みんながどんな気持ちで書いたかを考えた。例えば、D男君はいろいろ調べたと思う。
D男：おじいさんが、最後とても元気になって、よかった。最初転んだときと、わざと転んだときの違いが分かってよかった。H子ちゃんの悲しい気持ちから嬉しい気持ちというのもあるなあと思った。
E子：全員の発表したのがいいと思った。分かってよかったです。
F男：最後に、おじいさんが長生きできたことがわかりました。おじいさんが嬉しくなったことがよかったと思った。
G子：おじいさんの気持ちがさらに詳しくてなってきた。みんな意見が一緒だったから、なぜだろうと思った。
Ｈ子：Ｅ子ちゃんが頑張って書いたりしてるんだなあと思いました。

（二）**授業記録2**　第九時　２００５．７．12（火）第５校時

Ｔ１：（礼）金曜日の続きです。前、時間がなくなってしまって、十分に考えられなかったね。
（板書）みんなで、今日の学習問題を読んでみましょう。
Ｃ　：**おじいさんが病気になったのは、どうしてだろう。また、病気が治ったのはいつだろう。**
Ｔ２：考えながら、②③④の場面を音読して、読み終わった人から学習カードに書きましょう。

Ｔ３：鉛筆を置いてください。まず、**「おじいさんが病気になったのは、どうしてだろう。」**について、「もとになった言葉や文」と「考え」を、発表してください。
Ｂ子１：「**おじいさんは、石につまずいて転んでしまいました。**」から、三年とうげで転んだから病気になった。
Ｅ子１：「**ごはんも食べずに、ふとんにもぐりこみ、とうとう病気になってしまいました。**」から、ご飯も食べずに、ふとんにもぐりこんでいたから、病気になった。
Ｄ男１：全く同じ。
Ｃ男１：同じ。
Ａ男１：同じ。
Ｈ子１：ご飯を食べないと病気になる。

F男1：**「ごはんも食べずに、ふとんにもぐりこみ、とうとう病気になってしまいました。」**は、同じだけど、「どうしよう、どうしよう。たいへんなことになった。」と思って、病気になった。

G子1：**「おじいさんは、真っ青になり、がたがたふるえました。」**と、**「家にすっとんでいき、おばあさんにしがみつき、おいおいなきました。」**と、書いてあるから、泣いて、ショックを受けて、ご飯も食べられなかったから病気になった。

T：一通り発表してもらったけど、どうですか。

C男2：ぼくは、赤アリを踏んだことがあって、五歳頃「赤アリを踏むと火事になる」と知って、気になってたけど焼けなかった。言い伝えは言い伝えで、三年とうげで転んだから病気になるわけじゃないと思う。

T：B子さんの言ってくれたように、三年とうげで転んでしまった。F男君のように「どうしよう」と思って、G子さんの言ってくれたように「ショック」を受けたんだね。H子さんが「ご飯を食べないと病気になる」と言ってくれました。

B子2：三年とうげで転んで、心配で病気になったと思う。

T：みんなも、何か、心配な事があって食欲がなくなったとか、気になってご飯が食べられなかったとか、そういうことのあった人はいるかな？

C：あるよ。（口々に語り合う。）

T4：それでは、**病気が治ったのはいつだろう。**について、「もとになった言葉や文」と「考え」を、発表してください。

D男2：**「もう、わしの病気はなおった。百年も二百年も長生きできるわい。」**というところで、転んでいるうちに病気が治った。

A男1：最初に転んだ時は、真っ青になったけど、わざと転んだときはならなかった。わざと転んだときは、ふもとまで転がり落ちたけど、最初はふもとまで転がり落ちなかった。

E子2：同じところで、自分で、「**わしの病気は治った。**」と言っているからです。

H子2：同じところで、うれしくなって病気が治ったみたいだから。

B子3：そこと、「**にこにこわらいました。**」から、トルトリに言われたことをやって、本当だと思ったから、長生きできると思った。

G子2：そこと、次のページの、「**こうして、おじいさんは、すっかり元気になり、おばあさんと二人なかよく、幸せに、長生きした**」というところから、治ったからすっかり元気になったと思う。

A男2：「**あんまりうれしくなったので、しまいに、とうげからふもとまで、ころころころりんと転がり落ちてしまいました。**」と、「**けろけろっとした顔をして、もう、わしの病気はなおった。**」から、うれしくなって、とうげからふもとまで転がり落ちた時に治った。

T：うれしくなって、元気になったから治ったということだね。

C男3：「**しまいに、とうげからふもとまで、ころころころりんと、転がり落ちてしまいました。**」で、その後、話が楽しくなるから治ったんだと思う。

F男2：「**ころりん、ころりん、すってんころりん、ぺったんころりん、ひょいころ、ころりんと、転びました。**」で、三年だけじゃなくて、長生きできるかなあと思ったんじゃないか。

T：そう思った時に治ったと言うんだね。それぞれの考えを発表してくれました。

T5：みんなからは、出なかったんだけど、ここのところは、どうですか。(叙述のカードを貼る。)

「おじいさんは、しばらく考えていましたが、うなずきました。『うん、なるほど、なるほど。』そして、ふとんからはね起きると、三年とうげに行き、わざとひっくりかえって、転びました。」

ここでは、治ってないのかなあ。治ってないと思う人から、意見を言ってください。

A男3：まだ転がってないから、治ってない。
F男3：同じ。
C男4：まだ、やってないから、治ってない。
B子4：すぐには、考えられないから治ってない。
G子3：まだ、ゆっくり歩いてるんじゃないかな。
T　：治ったかも、と思う人はいるかな？
E子3：**はね起きた**んだから、治ってると思う。
D男3：同じ。
H子3：同じ。
G子4：みんなの聞いてたら、元気になったから、治ってたのかもしれない。
B子4：話を聞いて、うれしいから、はね起きただけだと思う。
T　：ただ「起きた」じゃなくて、「はね起きた」って書いてある。そこから、「治ってたのかもしれない」と言う人もいました。「いや、まだだよ」と言う人もいましたね。

T6：それでは、「いいと思った友達の考えとその理由」を、黒板を見ながら、書いてください。

（5分後）発表してください。

B子5：H子ちゃんのがいい。ご飯も食べずに布団にもぐり込んでいると病気になってしまうから。

D男4：G子ちゃんの「泣いてショックを受けて、ご飯も食べられなかった」がいいと思う。理由は、確かに僕もショックを受けたら、ご飯を食べられなくなるから。
H子4：G子ちゃんのがよかった。わたしもショックを受けたら、ご飯も食べられないから。
C男5：E子ちゃんのがいいと思った。「自分で治った」と言っているから。自分の体は、自分で直すから。
G子4：E子ちゃんのがいいと思った。自分の気持ちは、自分の気持ちだから。
E子4：B子ちゃんの「トルトリに言われたことをやって、本当だと思ったから」がいいと思った。理由は、本当だったから。
F男4：B子ちゃんのがいいと思った。理由は、人の言う通りにすると、本当かもしれない。
A男4：F男君のがいいと思った。「三年だけじゃなくて」とゆう言葉がおじいさんを元気づけそうだから。
T　：みんないいことを一杯言ってくれました。友達の考えもよく聞けました。おじいさんがショックを受けて、ご飯も食べられないで、病気になったのが分かったね。トルトリのおかげで、気持ちが変わったり元気づけてもらったりして、「わしの病気は治った」と言えるようになったんだね。いろんな根拠から、いろんな考え方ができました。

T7　：時間になります。礼をしたら、「今日の学習をしてわかったことや思ったこと」を書いてください。（礼）

【学習カード「本時の感想」の内容】（注：読みやすいように漢字使用表記にしてある。）
A男：おじいさんの病気が治った時を見つける時が、むずかしかったなあと思いました。
B子：おじいさんが病気になって、いやだった気持ちが分かった。
C男：ちゃんと思ったことをはっきり言えてよかった。おじいさんは、いつ病気が治ったか、分からなかったのに分かった。

D男：おじいさんが病気になったのはどうしてだろうというのが、よく分かった。
E子：みんなの考えがすごくいいと思った。例えば、B子ちゃんとC男君のとがいいと思った。
F男：おじいさんは、ご飯を食べていれば病気にならなかったと思う。三年とうげで転んだら、三年だけじゃなくて、何百年も長生きできる。
G子：本当か嘘かわかった。「ふとんからはね起きると」いう場所で病気は治ったかもしれない。
H子：G子ちゃんは、がんばって書いてるのが分かった。

四　実践の振り返り

（一）実践の考察と示唆されたこと　（第8時）

1　最初に転んだときと、わざと転んだときの、おじいさんの気持ちの比較について

以下のような考えが出された。どの子にも係われる発問であったと思われる。

①真っ青になった。（A男）　↓ならなかった。

②おどろいていた。（E子）
がたがたふるえていた。（B子）→「嬉しい気持ち」に変わった。
真っ青になった。（G子）
悲しい気持ち。（H子）
③三年きり。（D男）→「長生きできるという気持ち」に変わった。
長生きできない。（F男）
④あぶない気持ち。（C男）→「楽しい気持ち」に変わった。

A男は、「B子ちゃんのがいい。こわいような気持ちから嬉しくなったから。ぼくは、『嬉しい』と書いていない。」と記述している。B子の前に、E子が「おどろいていたけど、嬉しくなった」と発表している。それよりも、次に「がたがたふるえていたが、嬉しくなった」としたB子の考えが、「こわいような」という自分の気持ちにピッタリしていると感じたのであろう。

C男は、初発の感想から、「おじいさんが、もう一回転びに行くところが楽しそうで心に残った。」としていた。本時では「おじいさんは、あぶない気持ちから楽しい気持ちに変わった。」と発表している。しかし、最初に転んだときのおじいさんの気持ちを書くときに、よい言葉が見つからず、長い時間考えていた。結局「あぶない」と書いて発表したが、いいと思った友達の考えの発表では、「F男君の『どうしよう、長生きできない』『長生きできる』がいいと思った。おじいさんの表情に合っているから。」と述べている。目から鱗が落ちたようであった。

聞いたことを受けて共感し表現すること、これはコミュニケーションにおける大切な基礎の一つである。

共通の場に立って、自分の考えを持っていたことが伝え合いを可能にし、個々の相違に気づいたり友達の発言によって自らの考えを発展させたりすることを誘発した。

2　「おじいさんは、本当はいつ病気が治ったのかな。」について

一通り発表して安心している子ども達に、問い直しをすることによって、再度叙述を見直させたいと考えた。子ども達は、以下のように考えを出してきた。

① わざと転んだとき。（F男）
② 転がり落ちて、「すっかり元気になり」というところ。（G子、H子）
③ 楽しそうに転んでいるところ。（C男）
④ すっかり楽しくなりましたというところ。（B子）
⑤ もう、わしの病気は治ったというところ。（D男）

そこで、さらに「おじいさんは、なんで病気になったのだろう。」と問うてみた。ここでは、次の二つの意見が対立する形となった。

・「三年とうげで転んだから。」
・「ご飯も食べずに布団にもぐり込んでいたから。」

日頃物静かなE子が、「わかんないよ。」と呟き、急に慌て始めていた。G子の「言い伝えだから病気になってしまう。」という発言に対して、C男は、言い伝えに関する自らの体験を語り始めた。結局、時間切れとなり次時へまわすこととなったが、急に教室が動き始めたように感じた。

G子は、「D男君のがいいと思った。理由は、自分の気持ちで、病気になったり治ったりできるから。」と記している。「もう、わしの病気はなおった。」というD男が見つけた叙述について書いたのであろう。「言い伝えだから病気になってしまう。」と発言したG子が、「自分の気持ちで」と書いたことは、C男の発言から考えを発展しつつあることがうかがえる。

「筋の展開が分かりにくい」「飛躍がある」と感じて空所を生み出し、消滅させる主体者はあくまでも学習者であるが、教師が問い直したり吟味させたりすることは、教室に共通の空所を生み出すことを可能とした。

（二）実践の考察と示唆されたこと　（第9時）

1　「おじいさんが病気になったのは、どうしてだろう。」について

「三年とうげで転んだから。」と答えたのは、B子一人となった。

迷っていたE子も、「ご飯も食べずに、布団にもぐり込んでいたからだ。」と答えている。H子は「ご飯を食べないと病気になる。」と、理由を明確にしようとしている。

ここで、F男は、「『どうしよう、どうしよう。たいへんなことになった。』と思って病気になった。」と、

おじいさんの心情を表す叙述をあげてきた。さらにG子が、「泣いてショックを受けたから。」と、ご飯を食べられない理由まで明らかにしてきている。このG子の発言に対しては、D男やH子が、「いいと思った友達の考え」に、「自分もショックを受けたらご飯も食べられない。」と記述しており、共感していることをうかがわせている。

H子等の考えを聞いた後、B子は、「三年とうげで転んで、心配で病気になったと思う。」と発言し、本時の感想では「おじいさんが病気になって、いやだった気持ちが分かった。」と記していた。B子は、処理が速く物事を割り切って考える傾向があるが、心情面に着目する。今回は級友の考えを聞くことによって、「転んで」と「病気になった」の間に、「心配で」という言葉を加え、さらにおじいさんの心情にせまることができたのだと思う。

2　「おじいさんの病気が治ったのはいつか。」について

A男は「うれしくなって、とうげからふもとまで転がり落ちた」という普通ではありえない状況に心を寄せていた。ここでも、そこで治ったとしている。

また、登場人物になりきりながらも物語から一歩離れるC男は、「転がり落ちた後、話が楽しくなるから治った。」としている。

F男は、前時からの「長生き」という言葉にこだわっている。

B子は、「にこにこわらいました。」から、トルトリに言われたことをやって本当だと思ったから、長生きできると思ったとし、ここでも、「思ったから」と、心情が優先している。

「『うん、なるほどなるほど。』そして、ふとんからはね起きると」という叙述をあげる子どもがいなかったので、叙述を明示して、「ここでは、治っていないのか」たずねてみた。

「まだ、治ってない」という子が五名考えを述べた。Ｅ子は「はね起きたんだから治ってる。」と答え、二名が続いた。最初「治ってない」としたＧ子が、「元気になったから治ってたかもしれない。」と述べたところ、Ｂ子は、「うれしいからはね起きただけ。」と反論している。

学習者が気づいていない叙述を提示したことで、「はね起きる」という叙述に着目し、「起きる」との違いを検討できたことはよかったと思われる。

また、「『わしの病気は治った。』と自分で言ってるから治った。」と言い続けていたＤ男のような子どもにとっては、他の叙述に目を向けて考える機会となり、空所を生じさせる機会となったと思われる。

五　事例研究

学習者の「読み」に焦点をあて、その子の読むことにおける感じ方・考え方を「読み」の傾向としてとらえようとするものである。そのことは、「三年とうげ」の授業の仕組み方がどうであったか考察することにもつながるだろう。

（二）　F男の「読み」の傾向の分析

今までの学習でとらえた「読みの傾向」

擬音等、まず語感や言葉に着目する。現実的・科学的に考える面がある。情景的。物語の世界の心情や論理と言うよりも、現実的な自分の経験をもとに出来事を読んでいく傾向。

1　初発の感想

心に残ったところは、最後の「ところで、三年とうげのぬるでの　木のかげで、『えいやら　えいやら　えいやらや。一ぺん転べば三年で、十ぺん転べば三十年、百ぺん転べば三百年。こけて転んでひざついて、しりもちついてでんぐりがえり、長生きするとは、こりゃめでたい。』と歌ったのは、だれだったのでしょうね。」が心に残りました。

理由は、誰だかわからないから書いた。

三年とうげの昔からの言い伝え「三年とうげで転ぶでない。三年とうげで転んだならば、三年きりしか生きられぬ。長生きしたけりゃ転ぶでないぞ。」がおもしろかった。

	対自	対他	対事	対辞
情景的			○	◎
心情的				
論理的				

（注）・縦軸は「着目・理解」を表す。
・横軸は、志向性（問題意識の向かう方向）
情景的…様子、情景描写を読む傾向
心情的…登場人物の心情や思考を読む傾向
論理的…構成、作者の意図や寓意を読む傾向

2　個人課題の設定と（個人追求での考え）

・三年とうげで転んでしまったときの、おじいさんの気持ちはどうだったでしょう。
（たいへんなことになったなあ。）
・三年とうげのぬるでの木のかげで、『えいやら　えいやら　えいやらや。一ぺん転べば三年で、十ぺん転べば三十年、百ぺん転べば三百年。こけて転んでひざついて、しりもちついてでんぐりがえり、長生きするとは、こりゃめでたい。』と歌ったのは、だれだったのでしょう。
（もしかすると、この歌は、トルトリが歌ったのかもしれんなぁ。あんな何度も転べば、うんと長生きできるはずだよっていうことは、トルトリにしかわからない。）

3　読みの交流での話題と　それに対するF男の考え

【話題1】「言い伝えの歌とぬるでの木のかげから聞こえた歌の違い」
・言い伝えの歌は長生きできない言葉で、歌の方は長生きできる言葉だと思う。
【話題2】「最初に転んだときと、わざと転んだときのおじいさんの気持ちの違い」
・どうしよう、もう長生きができない。たいへんだ。あと三年しか生きられない。
・もう長生きできる。トルトリの言う通りにしたら、本当に長生きできた。
【話題3】「おじいさんが病気になったのはどうしてか。また病気が治ったのはいつか」
・「どうしよう。たいへんなことになった」と思って、ご飯も食べずに布団にもぐりこんで病気になった。
・「ころころころりん、すってんころりん、ぺったんころりん、ひょいころころりん」と転んで、三年だけじゃなく長生きできるかなあと思った。

4　二次感想　「おじいさんからトルトリへの手紙」

トルトリ、いい考えを考えてくれてありがとおの。三年とうげもいいとうげじゃのぉ～。最初は、「ばかな」と言って、わるかったの～。水車の方は、どうじゃ。ところで、三年とうげのぬるでの木のかげで、「えいやら　えいやら　えいやらや。一ぺん転べば三年で、十ぺん転べば三十年、百ぺん転べば三百年。こけて転んでひざついて、しりもちついてでんぐりがえり、長生きするとは、こりゃめでたい。」と歌ったのは、トルトリなのか。

あの昔に作られた言い伝えは、トルトリがわしを元気にさしてくれる手がかりみたいなものか。

	対自	対他	対事	対辞
情景的		○	○	
心情的				
論理的			○	

5　考察

初発感想では、歌に着目している。最後のぬるでの木のかげで歌われた歌と、言い伝えの歌である。リズムやテンポのよさが心地よかったのであろう。そして、最後の謎かけの部分「歌ったのは、誰だったのでしょう。」に素直に反応している。現実的・科学的に物事をとらえるF男にとって、「言い伝え、非常に長生きできること、誰が歌ったか不明」ということは、不思議でたまらないことでもある。

個の課題でも、そこを問題にしている。転んだときのおじいさんの気持ちは、「真っ青になりがたがたふるえ、家にすっとんでいっておばあさんにしがみついておいおい泣いた。」という叙述を的確に拾っているが、気持ちは、「たいへんなことになったなあ。」と簡単に書かれている。それに対して、謎かけの方は、おじいさんを説得するトルトリの言葉を根拠に、「トルトリしかわからない」と推測し、おじいさんになりきって「トルトリが歌ったのかもしれんなぁ。」と文末表現している。ここから、本人なりに根拠をさがして考えを組み立てていること、おじいさんに感情移入して参加者的モードになって考えていることがうかがわれる。

「読みの交流」では、「長生き」という言葉をキーワードにして、全ての問題を考えている。「トルトリの言う通りにしたら、本当に長生きできた。」と、「本当」という言葉も出てくる。「人の言う通りにすると本当かもしれない。」とも書いている。ここからは、自分の着目した一つの言葉にこだわる姿や、本当のことに価値をおく考え方がみてとれる。また、「どうしよう、もう長生きができない。」、『どうしよう、どうしよう。たいへんなことになった。』と思って、ご飯も食べずに布団にもぐり込んで病気になった。」といった答えは、おじいさんになりきって考えていることから生まれたものであり、聞いていた他の子どもからも評価が高かった。

二次感想文では、おじいさんになりきった文体で、トルトリへの感謝を記している。「ぬるでの木のかげで、歌ったのはトルトリなのか。」とたずねているのは、初発の感想から一貫した問題意識であった。「あの昔に作られた言い伝えは、トルトリがわしを元気にさしてくれる手がかりみたいなものか。」とたずねているのは、物事を科学的・現実的に考えるF男らしい記述であると思われる。リズムや謎かけに着目して物語に入ってきたF男は、自ら見つけたキーワードを手がかりに読み進めてきたのである。

①	感想の視点	○客観的・理性的	主観的・感性的			
②	追求の焦点	○原因追求	結果追求	過程追求	○状況追求	
③	一貫性	○視点一貫	視点転換			
④	読みの段階	○道徳読み	題材読み			
⑤	共感度	○高い　低い	○受容的	教訓的	批判的	評価的

（二）　B子の「読み」の傾向の分析

1　初発の感想

「おばあさんは、つきっきりで看病しました。」が心に残った。看病するということは、病気の人とかを助けることだから心にのこった。

トルトリが長生きすることを教えてあげてよかった。トルトリが教えてくれなかったら、その病気になったおじいさんは死んでたかもしれないから心に残りました。それを信じたおじいさんもよかったと思った。言われたことを信じるということは、その人を信じているということだから。

「ころりん、ころりん、すってんころり、ぺったんころりん、ひょいころ、ころりんと転びました」のところがおもしろかった。理由は、「ころりん」とかの音がおもしろかったです。

	対自	対他	対事	対辞
情景的				○
心情的	○	○		
論理的			○	

2　個人課題の設定と（個人追求での考え）

・転んでしまった時のおじいさんの気持ち

（真っ青になり、がたがたふるえた。おばあさんとはなれるのがこわかった。）

・「ため息の出るほどよいながめ」とは。

（とうげからふもとまで、美しく色づいたきれいなながめ。）

・ぬるでの木のかげで、どうして歌ったのか。

（おじいさんに聞かせるため、三年とうげで転んだおじいさんが来たから。死んじゃうから。）

3　読みの交流での話題と　それに対するB子の考え

【話題1】「言い伝えの歌とぬるでの木のかげから聞こえた歌の違い」
・　歌が反対になっている。最初の方は転んじゃいけなくて、後の方は転んでもいい。
【話題2】「最初に転んだときと、わざと転んだときのおじいさんの気持ちの違い」
・　最初に転んだときはがたがたふるえたけど、後の方は嬉しくなった。
【話題3】「おじいさんが病気になったのはどうしてか。また病気が治ったのはいつか」
・　三年とうげで転んだから病気になった。
・　トルトリに言われたことをやって、本当だと思ったから。長生きできる。

4　二次感想

「おじいさんからトルトリへの手紙」


トルトリありがとう。トルトリのおかげで病気が治って、長生きできたから感謝しています。

また、何かあったら、何か教えてくれ。よろしくお願いします。

わしは、もう元気いっぱいで困っています。トルトリが教えてくれなかったら、わしは、もう死んでたかもしれない。トルトリのおかげだよ。

わしは、まだまだこの町のことは知らないから、わかんないものがあったら、よろしくたのむよ。トルトリ。

	対自	対他	対事	対辞
情景的		○	○	
心情的		○		
論理的				

「おじいさんからおばあさんへの手紙」

わしは、最初本当に死ぬかと思った。けど、トルトリが教えてくれたから長生きできたのです。

わしは、ご飯を食べなかったから病気になってしまったので、ごめんなさい。

でも、おばあさんと一緒でよかったです。わしは、もう幸せです。

何も食べないと死んでしまうので、ショックでもちゃんとご飯を食べます。

これからもお願いします。

5　考察

初発の感想では、看病するおばあさん、長生きすることを教えるトルトリの行為を道徳的に価値あるととらえ、人を信じることの大切さを述べている。自分の経験と結び付けて考え心情的に判断すること。登場人物のやさしさに着目する点は、B子らしい感性的な読みであると思われる。また、擬音のおもしろさにも着目している。

個の課題では、心情面、情景面、論理面それぞれから追求しようとしている。「転んでしまった時のおじいさんの気持ち」では、「おばあさんとはなれるのがこわかった。」と、自分の経験に基づいて心情を推測していることがうかがえる。

「読みの交流」で、「おじいさんがかわいそうだから歌った」というF男の発言に敏感に反応し、感想に「おじいさんがかわいそうだと思った。」と書いている。

また、「おじいさんが病気になったのは、三年とうげで転んだから」としていたが、級友の考えを聞いた後、B子は、「三年とうげで転んで、心配で、病気になったと思う。」と発言し、本時の感想では「おじいさんが病気になって、いやだった気持ちが分かった。」と記していた。B子は、処理が速く物事を割り切って考える傾向があるが、心情面に着目する。今回は級友の考えを聞くことによって、「転んで」と「病気になった」の間に、「心配で」という言葉を加えることができたのだと思う。「病気が治ったのはいつか」という問いに対しても、「本当だと思ったから、長生きできると思った」とし、ここでも、心情が優先している。「ふとんからはね起きたとき病気は、治っていないのか」という授業者の問いに対しては、「うれしいからはね起きただけ」と反論している。これらから、物事を組み立てて思考していくのではなく、自分の道徳的・心情的価値観を基準として、直感的に判断していく傾向が見えるように思われる。

二次感想文は、短時間で、おじいさんからトルトリとおばあさんの両方への手紙を書いた。前の手紙のパターンを応用して、短時間で仕上げているのではないかと思われる。B子には、おじいさんになって手紙を書くスタイルではなく、主観的に自らの心情を書くような形で書くようにさせた方がよかったのではないかと思われた。

①	感想の視点	客観的・理性的	○主観的・感性的			
②	追求の焦点	原因追求	結果追求	過程追求	○状況追求	
③	一貫性	○視点一貫	視点転換			
④	読みの段階	道徳読み	題材読み			
⑤	共感度	○高い	低い	受容的	○教訓的	批判的	○評価的

(三) 事例研究から示唆されたこと

物事を現実的・科学的にみていこうとするF男は、転ぶと三年しか生きられないというマイナスの言い伝えが、おじいさんを長生きさせる手がかりと映る。そして、「やってみて本当だと思ったから、おじいさんは長生きできた」と考える。

また、物事を主観的・感性的にとらえていくB子は、「おじいさんが、トルトリを信じたから、長生きできた」と考える。

「三年とうげ」という物語は、少年の機智に富んだ発想の転換が、固定観念にとらわれた老人を救うという民話である。特定の登場人物に共感するよりは、物語全体から寓意をとらえるという方向の物語であろう。F男にとっては、謎解きのおもしろさがあり、キーワードを手がかりに、おじいさんになりきって、生き生きとした二次感想を生むこととなった。

B子にとっては、「読みの交流」での、B子から見ると理詰めと思われるような話題が、よい試練の場となったと思われる。しかし、感性を交換したり登場人物にコミュニケーションして心情をとらえたりするような場面を多くすることで、持っている力をより引き出してやりたいとも思われる。登場人物の心の交流をテーマとするような物語を学習した時、最後までより生き生きと学習できるのではないか。

(四) 事例研究のまとめ

二名を取り上げて「三年とうげ」での「読み」を見てきた。「読む」ということは、各自が、文章の情報と自分の生活体験や既有体験の投影された知識とをやり取りしながら、能動的に意味を作っていく営みである。したがって、生き方や価値観の異なる一人一人の「読み」は、個性的であり、外面からはわからない内面思考が表れてくる。そのことが、改めて確認できた。

その子への支援について見通しや予測を持つことを可能とするために、今後も、学習者の「読む」ことにおける感じ方、考え方をとらえ「解釈、仮説、修正」を続けていく必要がある。そして、授業者がそれぞれの感じ方、考え方を尊重する姿勢を持つことは、学習者がお互いの「読み」の相違を尊重し合い、ともに楽しく文学作品を読むことにつながっていくであろう。

また、その子がより生き生きと学習して、持っている力を発揮したりさらに力を引き出したりするための、授業の仕組み方についても考えていく必要がある。仮説をもとに、「今回は、この子に」という願いをもって、単元計画を立てていきたい。それは、教材として取り上げる文学作品の選定から始まってくる。

六　終わりに

（一）「問い」に対して考えを持つこと

コミュニケーションは個人の思考の上に立脚すると言われる。個々人がそれぞれ考えを持っているからこそ、それを交換し共有するためにコミュニケーションは行われる。

考えを持つために、まず個々に空所を課題化し、個人追究をする時間をとった。「読み」には、その子の生活体験や経験が反映される。その子なりに、登場人物に感情移入しながら読み進め、作品や登場人物とのコミュニケーションを行い、八人が八通りの「読み」をしてきたと思われる。

(二)「読み」の交流について

「誰でも自分なりに係われ」、「多様な考えが出される」発問をして、まず共通の土俵に立たせたいと考えた。そして、出された考えをもとに「対立・拮抗場面が生じるような」発問をして、個々の相違に気づいたり友達の考えによって自らの考えを発展させたりすることが誘発できるのではないかと思われる。そのことは、より登場人物という他者の気持ちに深く入っていくきっかけともなる。

教室では複数の学習者がいるからこその発見や喜びがある。文学教材から話題を設定し、感想や考えを級友と伝え合うことは、個々の相違に気づいたり友達の発言によって自らの考えを発展させたりすることを誘発する。そのことは、「自己認知や視座転換による自己変容」の契機と成り得るものであると考えられる。

本時でも、友達の考えを聞いて、それをきっかけにしたりヒントにしたりして、考え・発言する姿が見られた。問題意識を持つ子ども達は、自分で選択して係わり合っていけるという言語機能をそこに見ることができる。そして、聞いたことを受けて共感し発言すること、これはコミュニケーションにおける大切な基礎の一つであろう。

また、教師の評価、あるいは子ども同士の相互評価という面からも、「いいと思った友達の考えとその理由」について、子どもに意識させたり記録させておくことは意義があるのではないかと思われる。そのための支援としては、子どもの発言を記録し、分類するための板書の工夫が必要となる。

(三) 個々の「読み」の傾向について

学習者を知ることによって、その子への支援について見通しや予測を持つことが可能になる。そのためにも、学習者の内面に目を向け「解釈・仮説・修正」を続けていく必要がある。

個々の学習を分析することは、教材選択や「読み」の話題の設定の是非についての、指導の反省を行うことにつながることも示唆された。

また、授業者のそれぞれの感じ方・考え方を尊重する姿勢が、子ども達の認め合いや、友達とともに文学的文章を楽しく読むことにつながるだろう。

四　子どもの学びをとらえて
「豆太に話をするじさまの気持ちを考えよう」
「モチモチの木」（小3）

「モチモチの木」をテクストとした学習を通しての**C男**の姿を取り上げ、学びの姿から示唆されたことを述べていきたい。

一　本時までの姿

（一）　展開の大要（時数）

第一次　初発の感想を書く。（2）
第二次　個々に課題を設定して自問自答する。（3）
　友達と「読み」の交流をする。（2）
【話題1】「泣き泣き走る豆太の気持ち」　**【話題2】**「豆太に話をするじさまの気持ち」（本時）
第三次　二次感想文を書く。（1）

（二）　本時までのC男の学び

1　C男の初発の感想

> ぼくが、心に残ったところは、豆太が、半道もある山道を五才で下ったところが心に残った。それに、足から血が出たのにずっと走り続けたから。
> 後、じさまが六十四才になっても、まだ青じしを追いかけているところが、心に残った。それも、ちゃんとつかまえることができるからです。

2　個の課題　「C男が自分で作った問題→自分の考え（感想）」

・**「やい、木ぃ」での　昼間の豆太の気持ち**
↓　「実を落とせ」といばって、えらそうにしている。昼間はこわくないのが分かった。

・**「おくびょう豆太」での　夜中の豆太の気持ち**　↓　モチモチの木があるから、こわがっている。

・**どうしてじさまは、山の神様の話を豆太にしたのか**
↓　豆太に勇気を持ってもらいたかったから。（自分で考えた問題が解けてうれしかった。）

3　【読みの交流Ⅰ】（話題→C男の考え）

・**なきなき走る豆太の気持ち**　↓　大好きなじさまが死ぬのがいやだった。足から血が出ても、じさまが死ぬ方がいやだ。（友達の意見も分かってよかった。）

4　考察

C男が初発の感想で着目した点は、「半道もある山道を五才で」、「足から血が出たのに」ずっと走り続けた豆太であり、「六十四才になっても」、「青じしを追いかけつかまえる」じさまである。つまり、普通と違う超人的な行為に着目していることが分かる。

個の課題追求では、「昼間はこわくないが夜になるとモチモチの木をこわがる豆太」、「勇気を持ってもらいたいと願うじさま」というそれぞれの状況を読み取っている。

前時の第六時（読みの交流の第一時）では、「大好きなじさまが死ぬのがいやだった」からという、足から血が出ても走る超人的な行為を産み出した原動力をつかんでいる。

【初発感想でのマトリックス】

	対自	対他	対事	対辞
情景的		○	◎	
心情的				
論理的			○	

【参考】　「モチモチの木」個々の課題一覧

豆太	じさま、その他
① **おくびょう豆太**	① **おくびょう豆太**
62　なんで豆太は、五つにもなるのに、どうして夜中に一人でせっちんに行けないのでしょう。（B子、D男、H子）	63　どうしてじさまは、豆太が小さい声で言っても、すぐ目をさましてくれるのか。（H子）
62　夜中の豆太の気持ち（**C男**）	63　豆太が「かわいそうでかわいい」とは、
62　どうして豆太は、夜がこわいのかな。（G子）	

②　やい、木ぃ

64　どうして豆太は、モチモチの木という名前をつけたのでしょう。（A男、B子、D男、E子、F男、G子、H子）

65　昼間は、モチモチの木にいばっているのに、どうして夜になるとこわくなるのか。（E子、H子）

65　昼間の豆太の気持ち（C男、H子）

65　どうして、モチモチの木がお化けみたいに見えるのでしょう。（G子）

③　霜月二十日のばん

67　どうして　豆太は「ちっちゃい声でなきそうに」言ったのか。（G子）

④　豆太は見た

69　「じさまっ。」と言った時の豆太の気持ち（F男）

69　じさまが病気になった時の豆太の気持ち（B子、H子）

70　なきながら走っている豆太の気持ち（A男）

70　豆太が医者さまのところまで一人で行けたのは　どうしてだろう。（D男、H子）

71　医者さまのこしを、足でドンドンけとばす豆太の気持ち（H子）

どういうことでしょう。（F男）

②　やい、木ぃ

③　霜月二十日のばん

67　「山の神様の祭り」とは、どういうことでしょう。（F男）

67　どうしてじさまは、山の神様のお祭りの話を豆太にしたのでしょう。（A男、B子、C男）

④　豆太は見た

72　どうして豆太は、モチモチの木に灯がついているのを見られたのでしょう。（A男）
⑤　**弱虫でも、やさしけりゃ**
73　じさまの話を聞いた豆太の気持ち（**C男**）
73　自分で医者さまをよべたのに、どうしてまたしょんべんに起こしたのかな。（G子）
73　豆太は、勇気があるのに弱虫だと思っているのかな。（H子）
73　豆太は、おくびょうだけどやさしいのかな。（H子）

⑤　**弱虫でも、やさしけりゃ**
73　豆太をほめるじさまの気持ち（A男）
73　病気がなおったじさまの気持ち（B子）
73　「おまえは、山の神様の祭りを見たんだ」と言ったじさまの気持ち（F男）
73　じさまは、どうして「自分で自分を弱虫だなんて思うな」と言ったのか。（E子）

二　本時の授業記録と考察

（一）授業記録（本時　八時間扱い中　第七時）

T３　：鉛筆を置きましょう。**「豆太に話をするじさまの気持ち」**を発表してください。
E子１：**「おまえは、山の神様の祭りを見たんだ。」**から、「祭りを見れたんだなあ」という気持ち。
A男１：同じところから、「祭りを見れてよかったなあ」という気持ち。

G子1：**「勇気のある子どもだったんだからな。」**から、「医者さまを呼びに行って、勇気が出てよかった」という気持ち。

T：似ている人はいますか？

H子1：同じところから、「前はおくびょうだったけど、今はおくびょうが少し消えた」という気持ち

F男1：**「おまえは、山の神様の祭りを見たんだ。おまえは、一人で、夜道を医者さまをよびに行けるほど、勇気のある子どもだったんだからな。」**がもとになって、「豆太は、半分弱虫が消えたなあ」という気持ち。

A男2：同じところから、「豆太も少しは強くなったんだなあ」という気持ち。

D男1：同じところから、「あんなに弱虫だった豆太が、医者さまをよびに行けるほど勇気があったのじゃなあ」という気持ち。

（**C男**：ぼくは、みんなと違う。）

（T：じゃあ、後で言ってもらうね。）

B子1：**「自分で自分を弱虫だなんて思うな。人間、やさしささえあれば、やらなきゃならねえことは、きっとやるもんだ。それを見て、他人がびっくらするわけよ。」**から、「豆太は勇気のある子どもだということを、分かってもらいたい」という気持ち。

T：豆太に分かってもらいたいんだね。

A男3：同じところから、「豆太、助けてくれてありがとう」という気持ち。

T：それでは、「みんなと違うなあ」と言っているC男君、発表して下さい。

C男1：**「おまえは、一人で、夜道を医者さまをよびに行けるほど、勇気のある子どもだったんだからな。」**から、「豆太に勇気を持ってもらいたいなあ」という気持ち。

T　：　みんなと、どこが違うか説明できる？
C男2：みんなは、「勇気がある」と言ってるけど、「もっと勇気を持ってもらいたい」ということ。

医者さまをよびに行けたけど、まだ、お父みたいにはなってないから、「もっと勇気を持ってほしい」

という気持ち。

T2　：この場面には、「弱虫でも、やさしけりゃ」という名前がついてますね。弱虫でも、やさしけりゃ何だ
と言うのかなあ。（板書）

弱虫でも、やさしけりゃ □

どのような言葉が続くと思いますか。□の中に入る言葉を考えて書いてみて下さい。
（5分後）T：　発表して下さい。
D男2：やらなきゃいけないことは、きっとやるもんだ。
E子2：同じ。
A男4：人にやさしくできるし、意地悪するよりいい。
H子2：やさしさがあれば、他人がびっくりする。
G子2：こわくても、やらないといけないことはやる。
B子2：きっと、神様の祭りを見せてもらえるんだ。
F男2：やさしさが勇気につながる。
C男3：前と反対になったけど、大変な時に出せる勇気が誰にでもあるんだ。
T　：　C男君は、どうして前と反対になったのかな。
C男：　みんなのを聞いていたら、こう思った。

Ｔ：みんなの考えを聞いていると、どうも、しょんべんをしに一人で外に行けないからといって、それは勇気がないということではないんだね。弱虫でも、やさしさがあるから、Ｄ男君やＧ子さんが言ってくれたように、「豆太は、医者様を迎えに行くという、やらないといけないことをやった」し、Ｆ男君やＣ男君が言ってくれたように「豆太は、大変な時に勇気を出せた」。五才なのに、一人で夜道を走ったんだね。勇気があるとは、何か無茶なことをやることじゃなくて、大変な時に行動できることなんだね。

Ｔ：それでは、**「いいと思った友達の考えとその理由」**を、黒板を見ながら、書いて下さい。
Ｂ子３：Ｈ子ちゃんのがいいと思った。理由は、医者様を呼びに行って、じさまを助けてよかった。人を助けることは、いいことだから。
Ａ男５：Ｆ男君のがいいと思った。理由は、半分だから、けっこう強くなったから。
Ｆ男３：Ｄ男君のがいいと思います。理由は、弱虫だった豆太が、勇気があるということを書いていていいと思った。
Ｈ子３：Ｃ男君のがよかったです。理由は、私のは「少し消えたなあ」だったけど、Ｃ男君のを聞いたら、私も「もっと強くなってほしいなあ」と思ったからです。
Ｇ子３：Ｂ子ちゃんのがいいと思った。だって、まだ５才なのに、たった一人で夜道を走った豆太は、とってもすごいから。
Ｄ男３：Ｆ男君の「やさしさが勇気につながる」というのがいいと思った。理由は、ぼくはやさしさが勇気につながらないから。
Ｃ男４：Ａ男君の「人にやさしくできるし、いじわるするよりいい」というのがいいと思いました。理由は、やさしくするのはいいことだし、いじわるするよりずっといいから。

T　：　「**今日の学習をしてわかったことや思ったこと**」を書いてください。（礼）

【学習カード「本時の感想」の内容】

A男　：　豆太は、夜道も一人で走っていけてすごいなあと思った。

B子　：　豆太の勇気のことや、いろいろなことがわかった。豆太は、人を助ける勇気がどれぐらいあるか分かった。

C男　：　豆太は、「おくびょう豆太」と、最初に書かれていたけど、医者さまを呼びに行くのを見て、勇気があって、すごいなと思った。

D男　：　自分も、こういう勇気（豆太が医者さまを呼びに行ける勇気）が、いつか出せるといいなあ。自分は、豆太ほどの勇気が出せないから。

E子　：　勇気は、やさしさから何かをするために、あるものだったのが分かりました。

F男　：　勇気は、すごく難しいことだったことが分かりました。理由は、すごいことをしても勇気じゃなくて、命をかけてやることが勇気だと思います。

G子　：　じさまの気持ちの「勇気」というのがよく分かった。豆太が、じさまが死んだら一人になっちゃうから。

H子　：　じさまの言っている「勇気」がよく分かった。理由は、無茶なことをしても、人は誰も喜ばないから。

（二）　本時での**C男の学びの考察**

まず、「**豆太に話をするじさまの気持ち**」を「豆太に勇気を持ってもらいたいなあ。」と考えた。しかし、級友の「あんなに弱虫だった豆太が、医者さまをよびに行けるほど勇気があった。」という考えを聞いて「ぼくは、みんなと違う。」とつぶやいている。C男は、個の課題で、「どうしてじさまは、山の神様の話を豆太にしたのか。」という問題について考えている。そして、「豆太に勇気を持ってもらいたいから。」と考えていた。従って、場面は違うが、じさまの豆太に対する思いについてすでに問題意識を持っており、自分なりの「読み」（考え）を持っていた。ここで、自分ではこうだと思っていた「読み」と、級友である他者の「読み」が違うことに気づいてきた。「ぼくは、みんなと違う。」と、つぶやいていることから、ゆさぶられて迷いが生じている状況であることが想像できる。

「**弱虫でも、やさしけりゃ**□」の□の中に入る言葉を考えた時は、「大変な時に出せる勇気が、誰だってあるんだ。」と記述した。発言する時に「前と反対になったけど」と断ってから、発表している。それまで、「医者様をよびに行けたけど、まだ、お父みたいにはなってないから、もっと勇気を持ってほしい。」と考えていたC男であった。しかし、この時点でC男は、「勇気というものは、くまと組討ちして死ぬことではない」と、「勇気」の質について、自らに問い直したのではないか。もちろん、前時で、「泣き泣き走る豆太の気持ち」を、「大好きなじさまが死ぬのがいやだった。足から血が出ても、じさまが死ぬ方がいやだ。」と、読みとっていたことも、本時にプラスに作用したのであろう。

「**いいと思った友達の考え**」では、「A男君の『人にやさしくできるし、意地悪するよりいい』というのがいいと思いました。やさしくするのは、いいことだし、意地悪するよりずっといいから。」としている。これは、普通と違う超人的な行為に着目するC男にとって、「大変な時に出せる勇気」の原動力について納得できる、一つの道筋を示す考えであったことから、興味がわく考えであったのだと考えられる。

また、授業後に書いた「**本時の学習の感想**」には、「『おくびょう豆太』と最初書かれていたけど、医者様を呼びに行くのを見て、勇気があってすごいと思った。」と書いている。日頃から、大人の話を素直に受け入れるC男である。「モチモチの木」の前半部では、語り手が、父や祖父と比較しながら、豆太の「おくびょう」さを繰り返し強調する。その時点で、「豆太はおくびょう」なんだと、刷り込まれていたことがうかがえる。

三　C男の二次感想文と考察

次の時間、C男は、二次感想文を次のように書いている。

> ぼくは、「モチモチの木」を読んで、豆太がすごいと思いました。理由は、夜中にしょんべんもできないのに、じさまがたおれた時、一人で、夜道を、医者さまをよびに行けたからすごいと思いました。それに、五才なのに、半道もある山を下ったからです。
> それと、じさまは、六十四で、まだ青じしを追いかけていることがすごいと思いました。理由は、じさまは、六十四だし、岩から岩へのとびうつりだって、やってのけるからです。
> また、モチモチの木は、おもしろい木だなあと思いました。理由は、うわさみたいなことがいっぱいあるし、すごくいろんなことが起こる木だからです。

「五才で、血をだしても」と、豆太の超人的な行為に目が向いていた初発感想から、「しょんべんもできないのに、じさまがたおれた時」と、豆太像の変容に着目してきている。しかし、じさまの超人的な行為についてふれている点は、初発感想と同じである。今回は、「モチモチの木」についてもふれてきている。物語の仕組みや論理にも目が向いてきたということではないか。

C男は、登場人物の超人的な行為等、普通と違う状況や行為に目を向けていた。「読み」の交流を通して、友達の考えと自らの考えの違いについても自ら気づき、素直に考えを発展させていくことができた。今後も、物語のおもしろさや仕組みにまで視野を広げていくことが期待できる。

【二次感想でのマトリックス】

	対自	対他	対事	対辞
情景的		◎	○	
心情的				
論理的		○	○	

四　示唆されたこと

（一）個の追求時間を確保する

考えを交換し共有するために、コミュニケーションは行われる。前提となるべき考えを持つために、まず個々に空所を課題化し、個人追究をする時間をとった。それは、学習者一人一人が自分の課題を自分のペースで追求することで、作品や登場人物とのコミュニケーションを行う時間を確保することになる。空所を読もうとすることは、登場人物の行動や心情について語られていない部分を補填していくことである。このことは、日常生活においても、他者の行動や心情を理解しようとする姿勢につながるのではないかと思われる。

学習者は、文学的文章と出会ったとき、その子なりの感じ方・考え方で、その作品をとらえ、自らの空所やこだわりを生じさせている。自問自答して自力で空所を補填し解決する営みは、子ども達を意欲的にする。また、自分なりの課題を持って追求し、自分自身の考えを持っていることで、視点を持って友達の考えを傾聴することにつながる。

(二)学習者の「読み」の傾向把握について

一人一人の「読み」は、個性的で、外面からでは分からない内面思考が表れてくる。例えば、登場人物の心情を読む傾向の子どももいれば、文学教材の論理や主題を読む傾向の子どもがいる。「どういう気持ちなのか」と問うた方が活躍する子もいれば、「どうしてなのか」と問うた方が食い付いてくる子もいるということである。学習者を知ることによって、その子を生かしたり鍛えたりする支援についての見通しや予測を持つことが可能になる。

その子がより生き生きと学習して、持っている力を発揮したりさらに力を引き出したりするための、授業の仕組み方についても考えていく必要がある。仮説をもとに、「今回は、この子に」という願いをもって、単元計画を立てていきたい。例えば、場の雰囲気や友達の心情を読むことが苦手な子どもに、登場人物の心情を考える機会を保障していくことは、大切であると思われる。

また、個々の学習を分析することは、教材選択や「読み」の話題の設定の是非についての、指導の反省を行うことにつながる。

(三)　相違やよさを意識させる

「読み」の交流場面では、誰かの考えが発表されたら、まず似ている考えの者が発表するようにしてきた。最初は、「似ているかどうかわからない」という声が圧倒的に多かったが、次第に「似てる」、「少し似てる」、「違う」といったつぶやきが出されるようになった。一人一人の考え方や感じ方について違いがあることに気付くことは、自分や他者を大切にする基盤となる「違いを大事にする」姿勢でにつながる。さらに、級友の発表を傾聴する姿勢につながり、自分の考えを位置付ける能力を育むことにつながると思われる。

子どもの「読み」の傾向を把握したいと願う場合、様々に出された考えのうち、どの考えに寄り添っていくのかという実態についても捉えたい。そのため、「読み」の交流では、「いいと思った友達の考え」を意識させ記録させてきた。そのための支援としては、子どもの発言を記録し、分類するための板書の工夫が必要となる。「その子がいいと思った」ということに価値があり、「よくできる・できない」という相互評価とは意味合いが違う。

(四)　「読み」の交流の話題と機能

「読み」の交流では、「誰でも自分なりに関われ」「多様な考えが出されるか、対立・拮抗場面が生じるような」話題を用意したい。そして、共通の土俵に立った後、必要に応じて、新たな空所となるべき問い直しをして、吟味をさせたいと考えている。複数の考えが出されることによって、個々の相違に気づいたり自らの考えを発展させたりすることが誘発できるのではないかと思われる。

本実践でも、友達の考えを聞いて、それをきっかけにしたりヒントにしたりして、考える姿が見られた。

問題意識を持つ子ども達は、自分で選択して係わり合っていけるという言語機能をそこに見ることができる。そして、聞いたことを受けて共感したり発言したりすること、これはコミュニケーションにおける大切な基礎の一つであろう。

五　終わりに

一人一人の感じ方、考え方を尊重する姿勢を持つことは、学習者がお互いの「読み」の相違を尊重し合い、ともに楽しく文学作品を読むことにつながっていくであろう。それぞれの個性的な「読み」を交流することで、自分とは違う切り口があることに気付くことに意味がある。そのことは、一人一人の違いが尊重され、自らの考えを語ることのできる学級、お互いを認め合い思いやることのできる学級づくりにつながっていくものであると思われる。

また、教室では複数の学習者がいるからこその発見や喜びがある。文学教材から話題を設定し、考えを級友と伝え合うことは、個々の相違に気づいたり自らの考えを発展させたりすることを誘発する。「読み」の交流で目指すものは、それぞれの「読み」を語り合うことによって、差異を認め合い、お互いの理解を深めることにある。そして、恣意的・自己満足の「読み」であっても、作品や他者の「読み」によってゆさぶられ、視座転換のうちに新たな「読み」や自己を創り出すことにある。

2年「うさぎさん　まって！」

五　個の「読み」の傾向を生かした課題学習の実践
「ゆみ子に対する父親の願い」「一つの花」（小４）

一　はじめに（研究の方向）

日々変化し進歩する情報・技術の時代を迎え、今日の人々が望み機会を求めている学習は「自発的意志に基づき、必要に応じ自己に適した手段、方法を自ら選んで行う」即ち主体行為としての生涯学習であると言われるようになった。それを受けて、小学校学習指導要領では、「児童に生きる力をはぐくむことを目指す」とうたい、「自ら学び自ら考える力」の育成と「基礎的基本的内容」の定着を図り、「個性を生かす教育」の充実に努めることが掲げられている。（注一）

（一）課題を解決する学習

「自ら学び自ら考える力」とは、「自分で課題を見つけ、自ら学び、自ら考え、主体的に判断し、行動し、よりよく問題を解決するための力」であるという。文学教材学習においても、学習者が自ら課題を見つけ、自ら学び、自ら考え、主体的に判断し、読み進め、よりよく問題を解決する学習が可能になったとき、国語科における「自ら学び自ら考える力」が育まれると考えてよいであろう。

学習者が自ら課題を見つけ、課題解決のために叙述をもとに自ら考え判断しながら読み進め、その営みを見返して次の課題解決に生かしていけるような学習を構築していきたい。

(二) 個の「読み」の傾向を生かす学習

「個性を生かす教育」の充実を考えたとき、個々の学習者の「読み」の傾向は違うということを前提として学習指導を構想していく必要がある。ここでいう「読み」という言葉には、読むことによって思考・想像・鑑賞等を行う際の学習者個々の感じ方や考え方をも含めている。

野地潤家は、著書『個性読みの探究』(一九七八)で「わたくしは、読書指導の究極目標を、個性読みにおいた」としている。そして、「個性読み」を「単に恣意的な読みぶりをもってよしとするのではない。深く、鋭く、らしさ(その読み手らしさ)をもって、読んでいくことによって成り立つ、読みの理想像」と位置づけている。(注二)

また、牧島亮夫は、『読み』は、その子の内面、生き方を表し、『読み』の指導は生き方指導につながる」として、「その子の才能をとらえることで学力を引き出す。植えつけるのではない。違いがあるから多様で豊かな社会ができる。文章はいくらでもくみ出せる素材であり無限の宝庫である。それを探し出すのが授業であり、啓発し合っていくものである。」と述べている。(注三)

両者に共通する点を、幾つか見出すことができる。一つは、その子の才能・個性である「その子らしさ」

をもって読んでいくことを理想とする点である。二つ目は、恣意的な読みぶりをよしとしないということである。そこから、授業という場で探し出し、啓発し合っていくことの必要性が出てくる。三つ目は、「読む」ことそれ自体のみを問題にするのではなく、学習指導・生活指導と関連させていくことの必要性を述べていることである。あくまでも、ひとりひとりの学習者を大事に育てていく・その子の才能を開花させていくことを根底に持っていなくてはならないというのである。

文学教材学習において、その子らしい課題を設定して読み進めることでその読み手らしい「読み」を持てるような学習を仕組みたい。そして、友だちと「読み」を交流する場面を設定し、「読み」を伝え合ったり話し合ったりすることを通して、個々の認識や理解の仕方・感じ方の相違に気づき、自己の解釈や鑑賞を豊かにすることができるような子どもに育てていきたい。

(三) 実践にあたっての基本的な考え

個の「読み」の傾向を生かす課題学習構築のための基本理念として次の四点を考えた。

1 学習指導の適否はあくまでもその子らしさが発揮できるものであったか、その子の才能や個性を引き出せるものであるかどうかによって言わなくてはならない。そのため、個々の感想文や課題における情意の表出に注目し、個の「読み」を把握する方途として、「着目・理解」「志向性」「追求におけるその子の個性」の三つの観点をあげ、その子の「読み」の傾向性を把握し内面に迫る試みを行っていく。

2 個々の多様な「読み」が許容され個性的な課題学習が成立するために、筋の展開の分かりにくい部分や飛躍のある部分と読者である学習者個々が感じることによって生じた「空所」を課題化するための支援を行い、「自らの課題」を成立させる。

3　課題解決能力を高めるため、齋藤喜門の提唱した「ひとり学び」である自問自答による個人追求を学習の主体とする。その中で、課題解決のために必要となる学習技能を身につけられるよう個別に支援していく。

4　交流を通して啓発し合い、自己の「読み」を定位したり変容を迫られたりするための「読み」の交流の場を設定する。それは、授業者が主導的に一つの方向へ引っ張るものではない。あくまでも学習者が啓発し合い、高め合っていけるような場である。

二　授業計画

（一）単元名「『一つの花』をテクストにしてひとり学び・『読み』の交流を行おう」

「一つの花」（今西祐行作）平成十二年度版光村図書国語４下「はばたき」より

（二）単元設定理由と主な目標

豊野西小学校四年Ｉ組の学習者たちは、三年生での「ちいちゃんのかげおくり」をテクストとした学習で、「出征、焼夷弾、爆弾、空襲、防空壕、乾し飯」といった戦争の状況を知り、家族みんなが死んでしまったことから、戦争は「こわいもの、かわいそうなもの、悲しいもの」という印象を持っている。従って、「一つの花」で語られている戦時中の状況は理解することができるであろう。また、四年生になって、一学期の「ガォーッ」の学習では、自らの「空所」に従って自分で学習問題をつくり、自問自答による個人追求をした後、「読み」を交流するという学習を経験している。

「ガォーッ」は、「現代の動物園でのクロヒョウとライオンの友情の物語」というテーマが分かりやすく、登場人物の二人それぞれに比較的感情移入しやすい物語であった。しかし、「一つの花」は、出征する父親の我が子への思いが中心に語られ、子どもであるゆみ子は大変幼く心情が語られていない。小学校四年生が登場人物に感情移入するには難しい教材である。しかし、既習の「読み」を生かしながら、個人追求で叙述を丹念に読み込んだり級友との「読み」の交流で啓発し合うことを通して、ゆみ子の家族の悲哀や憂い、怒りについて自分なりに感想を持ちながら読み味わっていくことを期待している。そこで、次のような単元の目標を設定した。

【主な目標】
戦争児童文学テクスト「一つの花」を読んで、戦争及び戦後の状況や生活の様子・戦争の犠牲になった親子の行動や気持ち・作者の表現等について、自らの「空所」をもとに学習問題を作り、個人追求しながら読み味わうとともに、友だちと「読み」を交流することを通して感じ方や理解の仕方の相違に気づき、自己の解釈や鑑賞を豊かにすることができる。

㈢　単元展開の概要

全十一時間扱いの単元となる。第3次は自らの「空所」を学習課題とする場面である。第4次は自問自答による個人追求、第5次は「読み」の交流となっている。

第1次：授業者による「一つの花」の読み聞かせを聞く。その後、各自で音読。（1）　＊括弧内は配当時間数
第2次：初発感想文を執筆。

全員の初発感想が活字化されたものを読むことによって初発感想の交流。（2）

＊「※」は支援

※　初発感想文では「心に残った叙述」「感想」の2項目について執筆するよう指示。

※　全員の初発感想文をプリントして配布。「自分と似ていること、自分の気づかなかったこと」の二点に注目して、「よいと思った友だちの考え」に線を引きながら読むよう助言。

第3次：自らの「空所」の課題化として、各自が学習問題を作成。全員の学習問題が一覧表になったものを見て、個人追求の計画立案。（1．5）

※　学習問題を作る際に、形式を例示。

※　全員の学習問題を、それぞれ「父親に対するもの、母親に対するもの、ゆみ子に対するもの」に分類した上で、物語の流れにそって配置した一覧表を作成して配布。

※　学習計画の段階で、自ら作成した学習問題を追求し終わった場合は、一覧表を見て、級友の作成したものから選択して取り組んでみるよう助言。

第4次：各自の計画に従っての個人追求（4）

※　学習カードを用意。「学習問題」「もとになる叙述」「自分の考え」「この問題をやってみて思ったこと・わかったこと」を記述できるようにしたもの。

※　机間巡視して相談にのる他、「できた」と思ったら授業者に見せるよう指示している。叙述をもとにした解釈となっているか、「もとになる叙述」としてあげている叙述と考えが対応しているか、複数の叙述からキーワードを端的に抜き出しているか等の観点で学習カードを見て、個に応じて相談もしくは指導助言。

第5次：共通の学習問題に対して、個々が考えを記入し、発表・吟味する「読み」の交流（1．5）

※　「読み」の交流のために、共通の学習問題**『一つだけちょうだい』という言葉を覚えてしまったゆみ子**

に対しての父親の願い」を用意。
※　更なる課題「**一つの花には父親のどのような願いがこめられているか**」についての意見発表も行い、「読み」の交流の感想を記入するよう指示。
第6次：これまでの経過を踏まえての二次感想文の執筆。（1）
※　「学習を終えてみての感想」、「登場人物への手紙」、「本単元での学習の記録」、「第三者への紹介文」の形式を紹介し、書きやすいものを選択するように助言。

三　授業の実際Ⅰ

（一）個々の課題（各自が作成した学習問題）

場面	お父さん	お母さん	ゆみ子
①		5「じゃあね、一つだけだよ。」と言うお母さんの気持ち（M子） 5「じゃあね、一つだけだよ。」と言うお母さんの気持ちとゆみ子の気持ちを比べよう。（MＩ子） 5　自分の分から一つ、ゆみ子に分けてくれるのはどう	4「一つだけちょうだい。」がゆみ子のはっきり覚えた最初の言葉になったのはどうしてか。（T男） 5　なぜゆみ子はいくらでもほしがるの

してだろう。（T男、MI子）

6　「一つだけ。一つだけ。」が、お母さんの口ぐせになってしまったのはなぜか。（KA男）

か。（T哉）

6　どうしてゆみ子はお母さんの口ぐせを覚えてしまったのか。（O子）

②

7　なぜ深いため息をついたのか。（HA子、HT子）

7　「この子は、一生、みんなちょうだい、山ほどちょうだいと言って両手を出すことを知らずにすごすかもしれないね。」と言ったお父さんの気持ち（M子）

7　「いったい、大きくなって、どんな子に育つのだろう」と言ったお父さんの気持ち（M子）

7　どうして、「いったい、大きくなって、どんな子に育つだろう」と心配してるのだろう。（AM子）

8　なぜ、お父さんはきまってゆみ子をめちゃくちゃに高い高いするのだろう。（HT子、C子、T男、N子、SY男、H男、K男、KA男、Y子、H美）

8　決まってゆみ子をめちゃくちゃに高い高いするお父さんの気持ち（W男、I子、M子、K平、Y美）

7　「なんてかわいそうな子でしょうね」と言ったお母さんの気持ち（M子）

7　「一つだけちょうだい」と言えば、なんでももらえると思っているのは、どうして「かわいそう」なのかな。（KE男）

③

9　戦争に行かなければならなくなったお父さんの気持ち（MI子、M奈、HT子）

12　なんで小さくばんざいをしたり歌を歌ったりしていた

10　なぜ、大事なお米で作ったおにぎりをお母さんは全部ゆみ子にあげたのだろう。（H美）

11　「戦争に行くお父さんに、ゆみ子の泣き顔を見せたくな

のかな。（T男、AM子）

12 なぜ戦争なんかに行く人ではないかのようにしていたのかな。（D男）

12 ゆみ子をだいて、ばんざいをしたり歌を歌っているお父さんの気持ち（HT子、N子、HA子）

かった」のはどうしてだろう。（CI子）

12 ゆみ子が泣きだしてしまった。その時のお母さんの気持ち（HA子）

12 「ゆみちゃん、いいわねえ。お父ちゃん、兵隊さんになるんだって。ばんざあいって。」と、いやなことなのに言ったのはなぜか。（YA男）

④

12 「一つだけちょうだい」と、ゆみ子が言っているときのお父さんの気持ち（K平）

13 泣きだしたゆみ子を、あやしているお父さんとお母さんの気持ち（S子）

13 プラットホームのすみっこでコスモスの花を見つけたお父さんの気持ち（W男、HT子）

13 どうしてコスモスの花をゆみ子にあげたのか。（N子、S子、H男、H樹）

13 どうしてお父さんは、コスモスの花を一輪しかゆみ子にあげなかったのか。（M奈）

14 「ゆみ。さあ、一つだけあげよう。一つだけのお花」と、「一つだけ」をどんな気持ちで言っているのだろう。（Y佳）

14 「大事にするんだよう──。」と言ったお父さんの気持ち（M子）

14 お父さんが、ゆみ子にコスモスをあげたのは、泣きやませるためだったのか、それとも最後のプレゼントだったのか。（A子、N美、HT子）

14 汽車に乗るお父さんの気持ち（K平）

13 コスモスの花をもらった時のゆみ子の気持ち（N美、Y美、Y子、T男、H男、O子、HT子）

14 ゆみ子は「一つ」ならなんでもいいのか。（T男）

14 今までは食べ物をもらっていたのに、どうして一つの花をもらってよろこんでいたのか。（D男）

14 どうして何も言わずに行ってしまったのか。（HT子、Y美、M子、Y佳、T男、N子、AM子、U男、M奈）

14 一つの花を見つめながら、汽車に乗っていったお父さんの気持ち（T也、M子、Y美）

14 一本のコスモスの花をあげて、どう思いながら見つめていたのだろう。（Y子）

14 なぜ一つの花を見つめながら行ったのか。（HA子、H男、M子、T男）

⑤

15 お父さんがあったことを知ったらどんな気持ちだろう（N子）

16 コスモスのトンネルをくぐるゆみ子の気持ち（CI子、Y子、HT子）

○ 小さいときのゆみ子と大きくなったゆみ子では、どこがちがうのだろう。（C子、MI子）

○ ゆみ子は喜びをもらえたのか。（T男）

○ なぜ、ゆみ子の家は、コスモスの花でいっぱいに包まれていたのだろうか。（C子、KE男）

【全体を通して】

［一つの］　○ 食べ物をあげるのとコスモスをあげるのとの意味の違い（A子）

「ダッシュ」　○ 「ダッシュ（—）」のところに文章をおぎなおう。（T也）

［作者］　○ なぜ作者はゆみ子の家がコスモスで包まれるようにしたのだろう。（A子）

○ なぜ十年後のことを書いたのか。（N子）

［もしも］　○ もし戦争がなかったら、ゆみ子の家族はどうなっただろう。（T男、SY男）

○ もしゆみ子のお父さんが生きていたら、今のゆみ子を見て安心できるかな。（C子）

［題名］　○ なぜ「一つの花」という題名なのだろう。（C子）

(二)「読み」の交流の概要(十一時間扱い中　第十時)

T：学習問題は、**「『一つだけちょうだい』という言葉を覚えてしまったゆみ子に対する父親の願い」**でしたね。難しいかなと思ったけれど、前時に全員の人が考えを書けています。発表してください。

①T男：もとになる叙述は、「**この子は、一生、みんなちょうだい、山ほどちょうだいと言って、両手を出すことを知らずにすごすかもしれないね。**」という所で、両手を出さずにすごすとかわいそうだから、いっぱいくれと覚えさせてやりたい。それにゆみ子は戦争がある時に生まれたから、戦争のない平和なときになって、いっぱい食べさせてあげたいと願っていると思う。

②R男：「**みんな一つだけ。一つだけの喜びさ。いや、喜びなんて一つだってもらえないかもしれないんだね。いったい、大きくなって、どんな子に育つだろう。**」から、ゆみ子のお父さんは、ゆみ子が「一つだけちょうだい」と言ってるから、なおしてほしいと思ったと思う。

T：似ている人いっぱいいたね。似ているなぁと思う人。

③O子：T男さんと同じ叙述から「一つだけ」を忘れられればいいな。でも、「一つだけ」で幸せになってくれればいい。

④W男：「**一つだけのいも、一つだけのにぎり飯、一つだけのかぼちゃのにつけ—。みんな一つだけ。一つだけの喜びさ。いや、喜びなんて一つだってもらえないかもしれないんだね。**」から、「一つだけ」ということばをなおしてほしいな。

⑤KE男：「**この子は、一生、みんなちょうだい、山ほどちょうだいと言って、両手を出すことを知らずに**

すごすかもしれないね。」から、知らず知らずに言わないでほしい。

⑥　T哉：同じ叙述から、ゆみ子が、みんなに「山ほどちょうだい」と言ったら心配だからだと思います。

⑦　Y子：人から何でもたくさんもらう子にならないでほしいと思っていると思う。

⑧　M子：人から何でもかんでももらわないようにしてほしいと願っている。

⑨　MH男：ゆみ子の将来を心配していると思う。みんなちょうだいと言ってほしい。

⑩　YA男：お父さんは、ゆみ子がもっとほしがるように育てたいんだと思います。

⑪　SY男：「**いったい、大きくなって、どんな子に育つだろう。**」とゆうのが願いにつながると思います。わけは、例えば、「いつでも頑張れる強い子になってほしい」とかにつながるからです。

⑫　I子：「**一つだけの喜びさ。いや、喜びなんて一つだってもらえないかもしれないんだね。いったい、大きくなって、どんな子に育つだろう。**」から、戦争が終われば喜びがもらえると思っている。

⑬　HT子：「**いったい、大きくなって、どんな子に育つだろう。**」から、お父さんは、大きくなったゆみ子は、まだ「一つだけちょうだい」という言葉を言っているかもしれないと思っていると思います。でも、戦争が終わったころには、もう平和になっているから食べ物はいくらでもあるから、「一つだけちょうだい」は、もういらないという願いだと思います。

⑭　C子：ゆみ子は、何でも「一つだけ」と言って、お母さんたちを困らせていたけど、「**みんな一つだけ。一つだけの喜びさ。いや、喜びなんて一つだってもらえないかもしれないんだね。いったい、大きくなって、どんな子に育つだろう。**」の文から、お父さんはゆみ子のそんな口癖をかわいく思っているかも。

⑮　U男：「**この子は、一生、みんなちょうだい、山ほどちょうだいと言って、両手を出すことを知らずにすごすかもしれないね。**」から、おとなになったら「山ほどちょうだい」を覚えてほしい。喜びをもらえ

る子になってほしいと願っていると思う。

⑯H男：**「ゆみ。さあ、一つだけあげよう。一つだけのお花、大事にするんだよう―。」**のところから、時代はどんなにきびしいからって、一つ一つ大事にしなければいけないよと言っていると思う。

⑰A子：**「お父さんは、それを見てにっこり笑うと、何も言わずに、汽車に乗って行ってしまいました。」**の文で、父親は、一つだけのことでも嬉しくなるといいなあと思ったと思う。一つだけのことでも、大事に思ってもらえればいいなあと願っていると思う。

T：黒板を見ていて、ちょっと違うなという意見ありますか。

例えば、このグループとこのグループ（黒板上で上下の意見の比較）。「もっとほしがるようにしたい」・「山ほどちょうだいと言ってほしい」という意見と、「人から何でももらわないようにしてほしい」という意見は、違うと思いませんか。このことでどうですか。

⑱N子：お父さんは、ゆみ子に「一つだけちょうだい」ではなく、「みんなちょうだい」・「山ほどちょうだい」と言ってもらいたいと思います。

⑲K男：お父さんの願いは、「一つだけちょうだい」じゃなくて、「山ほどちょうだい」と言って、両手を出すことを知らずにすごすことがないようにという思い。「山ほどちょうだい」も覚えて欲しいと思っている。

T：「人から何でももらわないようにしてほしい」という考えの人、今の意見を聞いてどう思いますか。

⑳M子：ゆみ子が「一つだけちょうだい」と言って一つずつもらってたら、それが多くなっちゃう。教科書に書いてあるように、おにぎりを全部食べちゃうし。そういうふうになっちゃう。

㉑Y子：人から何でももらう子になったら、みんなに迷惑をかける子になっちゃうから、そういうことはや

めてほしいと思ってる。

T：　A子さん、そこの所どう思いますか。

A子：（指名されて、立ったまま考えている。）

㉒

T：　うまくまとまらない？よく考えていたね。すごく一生懸命考えてたね。座ってください。

「人からなんでももらわないように」という考えの人は、きっとすごい真面目な人だと思う。自分の生き方からして、人からなんでももらうような子よくないと思うんだね。わがままだと思うんでしょ？

でも、**「この子は、一生、みんなちょうだい、山ほどちょうだいと言って、両手を出すことを知らずにすごすかもしれないね。」**という叙述を、両手を出すことを知らずに過ごすことを心配して、「両手を出していっぱいいもらうことを覚えてほしい。」と読んでいる人もいたよね。

「一つだけのいも、一つだけのにぎり飯、一つだけのかぼちゃのにつけー。みんな一つだけ。一つだけの喜びさ。」というのも、喜びは一つじゃなくて「もっと与えたい。」とも読めるよね。しかも、**「喜びなんて一つだってもらえないかもしれない。」**この戦争の時代では、食べるという一つだけの喜びしか知らない。でも、戦争が激しくなれば、それももらえなくなるかもしれない。

先生も親だから、親の気持ちとすれば、食べられない子どもがかわいそうで、いっぱいあげたい。戦争と言う特別な事情の中だけど。そういうお父さんの気持ちがわかります。今の子どもだったら、「まだ食べるの？」って言うところだけど。

T：　それでは、みんなで考えたいことを書いてみてください。

（C：メモする。）

㉓

C子：　なぜ題名が「一つの花」なんだろう。

T：なぜ題名が「一つの花」なんだろう。前に聞いたよね。
C：「えーっ？」
T：「一つってどんなこと」って話題にしたんだよね。
T：すぐ題名にいくのは難しいと思うので、「一つの花」を渡す場面に絞って考えましょう。
（黒板に **「『一つの花』にお父さんのどんな願いがこめられているか。」** と板書）声に出して読んでください。
（C：読む。）
T：今まで自分で個人追求したときの学習カードを見返してもいいです。考えをサッとメモしてください。
（C：メモする。）
T：発表してください。
㉔　Y美：今、一つだけしか言わないから、一つの花はゆみ子の宝物にしてほしい。
㉕　H美：ゆみ子に命を大事にしてほしい。平和な時代になっても簡単に命を捨ててほしくない。「一つの花」イコール「一つの命」大事にするんだようと言ってると思う。
㉖　C I子：このコスモスの花も一つだけの命だ。だから、ゆみ子と同じように二人で大切に育てるんだよ。
㉗　T也：コスモスを見て、元気を出してほしい。
㉘　H男：一つだけの花という意味だと思います。「一つの花」はお父さんだと思います。父さんが一番心配してるから、お父さんだと思って大事にしてほしい。
㉙　O子：ゆみ子に、このコスモスを大事にしてほしい。最後のプレゼント、もう会えないかもしれない。

㉚Ｙ Ａ男：お父さんの代わりにしてほしい。
㉛Ａ子：お父さんは、自分がゆみ子に会えないと分かっていて、体が弱いから、これまでずっと何もしてあげられなくてごめんね。今が最後だから泣いたらかわいそうだから、一つの花で元気を出してねと思ったと思います。
㉜Ｓ子：もう、「一つだけちょうだい」と言わないようにしてほしいという願いがこめられていると思います。後、一つだけのコスモスの花をお父さんのように思ってほしいというのと、そのコスモスを見て、お父さんはきっとどこかで生きているよと思って欲しいという願いがつまっていると思いました。
㉝Ｙ佳：お父さんは、ゆみ子に「一つの花を大事にして、忘れないで。お母さんと応援しててね」と思ったと思います。
㉞Ｋ男：一つの花でも命はあるから、いくら一つだけでも大事にしてほしい。
Ｔ：それぞれの人が読みとったことが表れている。一つの花には、お父さんの（板書を指す）こういう願いが込められていると思うんだね。次回は最後の感想を書きましょう。
Ｔ：最後の「今日の学習をして思ったこと・わかったこと」の欄を書いてください。

（三）考察

厳密に言えば、今回の実践での「読み」の交流は既に何回か行われている。初発の感想の内容をプリント配布されたものを読み合って、感想を書いている。また、個々の課題として作られた学習問題の一覧表を見て、他の学習者の作った問題に挑戦している学習者もいる。ここでは、個人追求する中で確立してきた自らの「読み」と他者の「読み」との相違を感じ合う場の成立が主な眼目となる。

前半部での、父親の願いに関する考えは、重なり合っている部分もあるが、以下のように分類できるだろう。括弧内は発言した学習者の発言順である。

A　「一つだけちょうだい」という言葉を言わないようになって。(②、③、④、⑤)
B　みんなに「ちょうだい」と言ったり何でももらったりしないように。(⑥、⑦、⑧)
C　「山ほどちょうだい」と両手を出すことを覚えさせたい。(①、⑨、⑩、⑮)
D　戦争が終わってたくさん食べさせてあげたい。喜びをもらえるように。(①、⑫、⑬)
E　いつでも頑張れる強い子に(⑪)
F　ゆみ子をかわいく思っている。(⑭)
G　一つでも嬉しく思い、一つを大事に思ってほしい。(⑯、⑰)

授業をやるにあたっての指名計画では、A、B、C、D、…の順に考えを発表させ、発表のまとまりによって分類に気づかせていく予定だった。しかし、①T男が発表直前の休息時間に考えを書き直していたため、若干計画が変更される形となった。

一通り発表が終了した後、板書を示しながら、BとCの考えの違いについて問い直し、叙述を吟味させようとしている。Dの考えも出されていたことから、Cの考えの学習者たちは自分の考えを見返し、父親の願いについて読み広げるものと思われた。

【Bの考え】

・みんなちょうだい」と言ってほしい。
・もっと欲しがるようにしたい。
・「山ほどちょうだい」も覚えてほしい。

【Cの考え】

・人からなんでももらう子にならないように。
・「山ほどちょうだい」と言ったら心配。

Bを補強する考えとして、⑱N子、⑲K男の意見が出された後、Cの考えである⑳M子と㉑Y子を指名したが、両者共に自らの考えからは離れられないようであった。更に、Gの「一つでも嬉しく思い、一つを大事に思ってほしい。」という、Cの考えに少し近いと思われるA子を指名した。かなり揺れたのではないかと思われたが、うまくまとめられないようだったので、授業者の考えを述べている。

「ガォーッ」での実践での「読み」の傾向性では、M子は「自分の日頃の論理をもとに考える」傾向が見られた。また、Y子は「道徳的によいこと、人のためにということにこだわる」傾向が見られた。T哉も「いい・悪いについて読んでいく道徳読み」の傾向が見られている。3人のCの考えは、年齢や環境・既有体験や価値観から父親の願いを理解するのが難しいことと共に、自らの感じ方・考え方から出てきたものであると言ってもよいであろう。

しかし、授業後の感想を見ると、それぞれに「読み」の交流をした意義が見られている。M子は「C子さんの『お父さんにとってその口癖がかわいい』という考え方がすごいと思います」と記している。日記では、休日に父親がどこかへ連れて行ってくれたという話題がよく見られるM子である。父親の立場に立ったC子の考えを「すごい」と記述しているところに、自分の論理のみでいくのではなく、父親の論理に気づいてきた様子が感じられるのである。

Ｙ子は、後半の「『一つの花』にお父さんのどんな願いがこめられているか」のところで、「ゆみ子に喜びをたくさんもらってほしいという願いがあるのだと思う」と記入している。今までの個人追求での学習シートにはそのような記述は見られていない。「たくさん」という部分は、本時前半の「読み」の交流の中で会得した新たな知見であると言える。

Ｔ哉は情景的、道徳的な「読み」をする子である。個の課題は、「なぜゆみ子はおにぎりを山ほどほしがるのか」であった。個人追求の中で、「戦争の時はあまり食べ物がなかったから」ということをつかんできた。本時の「読み」の交流は、それと父親の心情とを結びつけるものであった。本時の感想では『一つの花』という題名は、お父さんの心からの気持ちだと思いました」と書いている。また、二次感想文の中で、「戦争の時は、食料はあんまりなかったけど、昔の人は量を決めて配っていて大変だと思いました」ということを取り上げている。

今回のこの事例から、次の二つのことが実証されているのではないか。

・個人追求して確立してきた「読み」は簡単に覆されるものではないこと

・しかし、傾聴を伴う意見の発表の中で、学習者は自らの感じ方で自らが価値を持つ考えを選択していくこと

後半部の「『一つの花』にこめられた願い」で出された考えも、重なり合っている部分はあるが、次のように分類できるだろう。括弧内は発言した学習者の発言順である。

H　命・宝等たった一つしかない大事なものの象徴（㉔、㉕、㉖、㉙、㉞）
I　形見、将来を見守る父親自身の象徴（㉘、㉚、㉜、㉝）
J　不滅で永遠の喜びを与えるものの象徴（㉗、㉛）

例えば、㉜S子は次のようにI型の発言をしている。

もう、「一つだけちょうだい」と言わないようにしてほしいという願いがこめられいると思います。後、一つだけのコスモスの花をお父さんのように思ってほしいというのと、そのコスモスを見て、お父さんはきっとどこかで生きているよと、思って欲しいという願いがつまっていると思いました。

「読み」の交流の前に、個人追求において、S子は「なぜお父さんは、ゆみ子に一輪のコスモスをあげたのだろうか」という自らの課題に取り組んでいる。S子は次のように考えを記している。

お父さんは、すごくあせったと思います。どうにか、自分が戦争に行く前にゆみ子を泣きやませないと、後でお母さんが大変です。だから、自分の周りを見回して、自分の目に入った物が一輪のコスモスで、ゆみ子にそれをあげたんだと思います。

問題が違うので単純に比較はできないが、あせってお母さんを困らせたくないとする状況で渡した一輪の花という理解から、ゆみ子を見守る父親自身の象徴である「一つの花」へと認識を深めているように思われる。

S子は、級友との情報交換や「読み」の交流から、客観的な読みから同化する読みへと視点を転換させる傾向がある。本時の前半部分での「いいと思った友だちの考え」の欄では、HT子の「戦争が終わったころには、もう平和になっているから食べ物はいくらでもあるから、『一つだけちょうだい』は、もういらないという願い」というDタイプの考えに共感したことが書かれている。また、学習の感想では「戦争ということがどんなにおそろしいか、どんなに人が苦しい思いをしたか、今、今日ここでわかった。」と記述している。

それは、戦争は恐ろしいという認識が、「読み」の交流を通すことで、戦争が一人の父親・一つの家族に対する残酷な状況や運命を生んでいると、より具体的な形に深まったことに対する確信ではなかったかと思われる。

なお、H美は、S子の「コスモスを見て、お父さんはきっとどこかで生きているよと思って欲しい。」という考えを聞いて、「もう一度読み返したら私もそんな気がした。」としている。そして、次の日の二次感想文には、確信を持って、「お父さんはきっとどこかで生きている。そしていつかゆみ子と会えるんじゃないか。」と記述している。「読み」の交流を行うことで、問題意識を持つ学習者たちは、自分で選択して係わり合っていける。それぞれが発表し合っているだけで係わり合っていけるという、言語機能をそこに見ることができる。

四　授業の実際Ⅱ　―　Ａ子の学びから　―

（一）「空所」の課題化と個人追求における実相

学習者は、どのようにして自らの「空所」を課題化するのであろうか。また、テクストと対話することで、どのように「読み」を確立させていくのであろうか。

Ａ子の場合を例にして、「空所」の課題化と個人追究の実際について考察してみたい。Ａ子は、次のように初発の感想を記している。

①　心に残った叙述～理由
「お母さんは、お父さんに、ゆみ子の泣き顔を見せたくなかったのでしょうか。」

～お母さんは、お父さんに気をつかっていることがわかって心に残りました。

「お父さんは、それを見てにっこり笑うと、何も言わずに、汽車に乗って行ってしまいました。ゆみ子のにぎっている一つの花を見つめながら―。」　～さみしげなふんいきがあるので、とても心に残りました。

②　「一つの花」は戦争のお話で、お父さん・ゆみ子・お母さんは、とてもかわいそうでした。一番かわいそうなのは、ゆみ子でした。お父さんの顔だっておぼえていないので、お父さんが自分にあったことも忘れてしまったかもしれません。この話で、「ちいちゃんのかげおくり」もそうだけど、戦争は大変なんだと思いました。

母親の心情を読んでいることや情感的な雰囲気を読んでいることがわかる。また、「戦争の話」であるとして、自らの学習経験である「ちいちゃんのかげおくり」を例に出して戦争はかわいそうで大変なものだという思いを補強し、自らの心情をメインに記述している。

このような初感を持ったA子は、個の課題として次のような学習問題を作っている。

	対自	対他	対事	対辞
情景的		○		
心情的	◎	○	○	
論理的	○	○	○	

> ① お父さんが、ゆみ子にコスモスをあげたのは、ゆみ子を泣きやませるためだったのか、それとも最後のプレゼントか。
> ② なぜ作者は、ゆみ子の家がコスモスで包まれるようにしたのだろう。
> ③ 食べ物をあげるのとコスモスをあげるのとの意味の違い

「一つの花」である一輪のコスモスの意味にこだわっていることがわかる。また、初感で「さみしげなふんいき」と感じた場面でのコスモスに何か象徴性を感じて、それを追求しようとしていることがうかがわれる。

個人追求では、①に関して、次のように解釈している。

> 「一つだけのお花、大事にするんだよぅー。」で、もう会えないとわかっていたと思う。だから、お父さんがいなくてもコスモスを大事にしてねという意味だと思う。お父さんはやさしいと思った。

「単に泣きやませるためだけに渡したのではない。『もう会えないと知っていての』最後のプレゼントだ」と、A子は思っている。現実的でなく如何にも情感的な「読み」であるが、一輪の花の象徴性をとらえ主題に迫ろうとする論理追求の姿でもある。

実は、A子は②③の学習問題には取り組んでいない。①での解釈で、②③の学習問題については解決してしまったのであろう。「空所」は補填されてしまったのである。この臨機応変な処置は、自分の問いを自分のペースで解釈していく「ひとり学び」であるからこそ可能になると言えよう。

	対自	対他	対事	対辞
情景的				
心情的		○		
論理的		○	◎	

また、A子は、一覧表を見て、B男の作った学習問題である「『ゆみちゃん、いいわねえ。お父ちゃん、兵隊ちゃんになるんだって。ばんざあいって—。』と、いやなことなのにお母さんが言ったのはなぜか。」にも取り組んでいる。そして、「本当に、お父さんに泣き顔を、お母さんは見せたくなかったんだと思った。」と書いている。これは、初感で「心に残った」として、「お母さんは、お父さんに気をつかっていることがわかって心に残りました。」と感じたことを検証している姿である。

こう見てみると、初発の感想で「心に残った場面」としてあげた二つの場面を取り上げ、検証していることがわかる。物語に出会って「心に残った」とする場面が、実は「確かめたい・調べたい」という自らの「空所」であり、補填したいという欲求があることがうかがえる事例である。個々が自らのペースで課題を追求する学習は、個の欲求に裏打ちされていると言ってもよいだろう。

れば いいなあ。」と⑦のように発表したA子にとって、「『山ほどちょうだい』、『みんなちょうだい』と言ってほしい。」という考えは、視座転換を迫るものだったのではなかったかと思われる。

ゆみ子に対する父親の願いを「一つだけのことでも嬉しくなるといいな。一つだけのことでも大事に思ってもらえ

A子は、戦争中という特異な状況の中での父親の心情を十分理解できる感受性や論理性を持った学習者である。しかし、今までの経験則から、「一つだけのことを大事にし、喜びを得る」ことが正しく、「みんなちょうだい」と言うことはわがままと感じながら叙述を読み取ったのであろう。もちろん、父親は「一つだけのお花、大事にするんだよう―。」と言っており、「一つのことを大事に」という考えも出てきて当然である。しかし、「みんなちょうだいと言って欲しい」という考えは、それに修正を促すものとなり得た。

観察記録では、「『山ほどちょうだい』、『みんなちょうだい』と言ってほしい。」という考えについてどう思うか。」という教師の問い直しに対して、「これまでにない落ち着きのなさ」を示したとされている。また、指名された後、立ったまま考え続けたが、まとめられなかった。しかし、教師の話を「頷き」ながら傾聴し、「教科書を見て叙述」を確かめた結果、後半部の「一つの花にこめられた父親の願い」という学習問題に対しては、「今まで何もしてあげられなくてごめんね。（中略）一つの花で元気を出してね。」と発表している。ここには「一つだけでも大事に」という考えから更に発展しようとする意図がうかがえる。

いいと思った友だちの考えを書く欄に、「S子ちゃんの『きっとどこかで生きている』というのが、『一つの花』にすごい意味があると分かった。」と書いている。観察記録では、S子の発言の時、「自分の学習カードを見返し、黒板を見つめて」いたとされている。「友だちの考えと比較し深めようとする姿勢」があればこそ、他者の考えと自らの考えとの相違に気づいていくのであろう。

本時の感想を「最初は、戦争の話はぜんぜん感動しなかったけど、今日まとめたらすごく感動しました。」と記している。それは、「一つの花」に込められた父親の願いの大きさについて感動したのではないだろうか。多様な考えが出されたことで、平凡な一つの家族の・一人の父親の願いの大きさが、まるで世界を覆うような迫力を持って迫ってきたのであろう。A子にとって今回の「読み」の交流は、「戦争を描いた物語」から「戦争に翻弄される家族愛を描いた物語」への転換を促したのではないかと思われる。

(三) 二次感想文から

【二次感想】「一つの花」と「ちいちゃんのかげおくり」と「私」

私は、「一つの花」と「ちいちゃんのかげおくり」は、同じ戦争の話で、同じような内容で、「最近、戦争の話ばっかり、戦争をやっているときに生まれてきたわけじゃないのになあ」と思っていました。そして、大学の方にこっち（学校）に来てもらって、みんなといっしょに勉強をしました。そして、ちいちゃんは、最後にお父さんたちに会えたけど、ゆみ子は一生お父さんには会えませんでした。

私がちいちゃんなら、きっと今みんなと話しているけど、私がゆみ子なら、知らなくても、どうせ大人になるまでに知らなければならないから、きっとそのときは泣いていると思います。もし、知っていたとしても、そのときは、きっと泣いていると思います。

「もしも、今、私のお父さんがいなくなったとしたら―。」でも、私なら「もしも」ですむけれども、ゆみ子は何年たっても会えません。いくら涙を流しても会えません。

そして、この勉強をして、命も大切だと思ったけど、世界の何億万分の一の家族も大切だと分かりました。できないけれど、ゆみ子のお父さんが私になったとしたら、今のゆみ子を元気よく育ててあげたいです。今、ゆみ子のお父さんが生きていたら、ゆみ子を元気よく育ててもらいたいと思います。

初発感想では、「お父さんは、それを見てにっこり笑うと、何も言わずに、汽車に乗って行ってしまいました。ゆみ子のにぎっている一つの花を見つめながら—。」のところが「さみしげなふんいきがあるので、とても心に残りました。」と情感的に読んでいた。また、『ちいちゃんのかげおくり』もそうだけど、戦争は大変なんだと思いました」と自らの心情をメインに記述している。個の課題は知的であり、作者の意図までをも問題にしていた。

二次感想文では「読み」の交流の印象の大きさを記している。そして、「ちいちゃんのかげおくり」と「一つの花」という自らの読書経験を比較している。「もしも、今、私のお父さんが」等、様々に仮定して考え、自らが物語世界に入り込んでいこうとする姿勢が特徴的である。題名の最後を『—と「私」』としたことは、物語に対する今の自分の到達点や思いを明確にしようとする姿勢が示されている。「命も大切だけど、世界の何億万分の一の家族も大切」という結論は、作者の描こうとしたものを見事に読み取ったと言うことができるだろう。

物語の中に自分が入り込んでいく情感的な「読み」の中に、客観的な理由・本質を追求しようとする論理追求の姿勢が見られる。対他・対自心情、対事論理型と言えよう。

	対自	対他	対事	対辞
情景的				
心情的	○	○		
論理的	○	○	◎	

① 感想の視点　○客観的・理性的　◎主観的・感性的

② 追求の焦点　○原因追求　結果追求　過程追求　状況追求

③　一貫性　○視点一貫　視点転換
④　読みの段階　道徳読み　○題材読み
⑤　共感度　○高い　低い　○受容的　教訓的　批判的　評価的

五　実践の振り返り

今回の実践から、次のようなことが示唆されてきている。

・物語に出会って「心に残った」とする場面が、実は「確かめたい・調べたい」という自らの「空所」であり、補填したいという欲求が生じる場面である。個々が自らの「空所」を課題化し自らのペースで個人追求する「ひとり学び」の学習は、学習者とテクストとの個性的な係わり方を保障し、多様な学習の成立を保障するものとなり得る。

　今回の実践では、「めちゃくちゃに高い高いする」「一つの花をあげて何も言わずに行ってしまう」父親の行為に個々の課題が集中していた。この場面での父親の心情が「空所」となっていたことが窺える。学習者は、読み手として、文章の情報と自分の知識を使って能動的に意味を作っている。従って、「読み」には、その子の生活体験・既有体験・価値観等が投影され、自らの「空所」もそこから生じてくる。

・直観的・情意的把握である初発の感想においては、教材の持つ傾向性に影響を受けるが、「読み」の交流において多様な考えに触れることを通して、他者の「読み」に影響を受ける。
それは、学習者が、他者の「読み」を何でも受け入れてしまうということではない。他者の「読み」と自らの「読み」との相違に気づくことによって、自らの中にあったものの気づいていなかった価値観を顕在化し、自らの「読み」を多様にしていくのではないかということである。

今回の実践では、初発感想・個の課題・個人追求の結果到達した「読み」のそれぞれにおいて交流を図ってきた。その都度、学習者は、自己の「読み」と他者の「読み」との相違を感じ、それが自らの「読み」に対して影響を及ぼしていたことが窺われる。

・個人追求して確立してきた「読み」は簡単に覆されるものではない。しかし、傾聴を伴う意見の発表の中で、学習者は自らの感じ方で自らが価値を持つ考えを選択している。「読み」の交流をする中で、問題意識を持つ学習者たちは自分で選択して係わり合っていける。それぞれが発表し合っているだけで係わり合っていけるという言語機能をそこに見ることができる。個人追求は、他者の「読み」を聞く視点を育てると言ってもよい。傾聴を伴う意見の発表の中で、学習者は自らの感じ方で自らが価値を持つ考えを選択していくのである。そして、それは視座転換を促すきっかけとなっていく。

・個人追求によって個の「読み」を確立させた学習者に、新たな「空所」を発生させたり視座転換を迫ったりするような場づくりとして、教師の発問もその契機となり得るものであることを自覚しておく必要がある。また、教師のねらいは、あくまでも学習者個々の個性的な「読み」の発揮である。しかし、個人追求や「読み」の交流の中で、学習者は自己変容（成長）をとげている可能性が高い。個の「読み」の傾向も変容していくであろうことを認識していなければならない。

・文学教材学習によって、学習者は知識を増やすだけではない。ものの見方や感じ方を育み人格を形成していくという読書・読解の機能を経験することになる。「心の教育」が求められる現在であるからこそ、我々はその機能について確認し、それを大切にしていかなければならない。「詳細な読解」に対する批判に対しては、学習者が自らの課題解決のために自ら精読して「課題対決能力」を育む、「読み」の交流において「伝え合う力」を育むといった実践を通して、それに応えていく必要がある。

（注一）　平成十四年度から実施された小学校学習指導要領を指している。
（注二）　野地　潤家　『個性読みの探究　読書指導を求めて』（一九七一）共文社　PP. 28–29
（注三）　二〇〇〇年三月十一日、長野市松代小学校において牧島亮夫氏より指導を頂いた内容の一部である。

六　「読み」の交流を通して、自らの「読み」を確かめたり発展させたりすることを目指して

「このお話の『神様』とは、どういうものなのだろう。」

「わらぐつの中の神様」（小５）

一

教材について　「わらぐつの中の神様」　杉　みき子　作

村に住み、町の朝市に野菜を売りにいっている働き者のおみつさん（マサエのおばあちゃん）。そんなおみつさんも、少女から娘に成長していく過程で華やかなものや見かけの美しいものにあこがれ、雪下駄を手に入れることでその世界に入っていこうとした。

しかし、使う人の身になって心をこめてわらぐつを編んだおみつさんは、本当の価値を見抜いた大

工さんとの心の通じ合いを通して、やはり「人間のねうちは見てくれではなく人の身になって考える心」であり、「人のために働いて、誠実に生きることが幸せである」と、自分の生きてきた生き方の価値を認識する。大工さん（マサエのおじいちゃん）に買ってもらった雪下駄は、とうとう履くことはなかった。

そのことは、同じく少女から娘に成長していく過程である孫のマサエにぜひ伝えておきたいことであった。わらぐつや神様に対して「みったぐない。」「そんなの迷信でしょ。」と言っていたマサエは、価値を捉えて心を通い合わせたおみつさんと大工さんの話によって変容する。

「現在→過去→現在」という額縁構造、「わらぐつ」「雪げた」といった物語の展開に深く関係する小道具の存在、「おみつさん」と「大工さん」が実はマサエの祖父母であるという謎解き的な要素等が、読み手に驚きやおもしろさを感じさせる。

登場人物の誠実さや心の通い合い・表現される価値観等を通して、児童一人一人も、自分自身のものの見方や生き方について考えることのできる作品である。

個々の着目した課題を個別に追求して、それぞれの読みを生成した後、「おみつさんが雪下駄をあきらめきれないのはどうしてだろう。」、「大工さんは、どうしておみつさんわらぐつを買ったのだろう。」、「このお話の『神様』とは、どういうものなんだろう。」という話題を設定して考えさせ、読みを交流して、自分の考えを広めたり深めたりさせたいと考えた。

二　授業の計画

（一）　目標

◎　文章を読んで考えたことを発表し合って、一人一人の感じ方・考え方について違いのあることに気付き、自分の考えを広めたり深めたりする。（読む力）

○　物語に引かれ、心に残る言葉や文章、情景や場面を楽しんで読もうとする。（関心・意欲・態度）

○　登場人物の人柄や場面の情景を、叙述に即して読み、現在→過去→現在という物語の構成と、その効果について理解する。（読む力）

（二）　学習計画の大要

次	学習活動	指導	評価規準（主な方法）	時
1	①「わらぐつの中の神様」の範読を聞いたり音読したりする。 ②初発の感想を書いて発表し合う。 ・心に残った叙述	・学習のめあて「人物の考え方や生き方をとらえよう」 ・「心に残った叙述」、「読んで思ったこと」、「疑問点」等を観点とする。 ・初発の感想の発表場面では、観点をもとに分類整理しながら板書し、感じ方の違いを確認し合え	○お話に興味を持って、音読を楽しんでいる。（発言、音読の様子） ○自分なりに初発の感想を書くことができると共に、相違を感じながら発	1 2

	・思ったこと ・疑問点　等 ③学習計画を立てる。	るようにする。 ・各自の課題を解決した後、話題を設定して、個々の読みを交流し合う。	表を聞くことができる。 （学習カード）	
2	①それぞれで、課題を設定して、答えをテクストの中から求める。 ②話題に対して、考えを持ち、友達と「読みの交流」を行う。	・子どもたちの、各自の疑問をもとに課題を設定し、各自がその答えをテクストの中から探し出していくようにさせる。 ・話題を設定し、読みを交流する。 ①　おみつさんが雪下駄をあきらめきれないのはどうしてだろう。 ②　大工さんは、どうしておみつさんのわらぐつを買ったのだろう。 ③　このお話の「神様」とは、どういうものなんだろう。（本時）	○自分なりに、文中からキーとなる叙述を見つけたり、考えを書いたりする。（学習カード） ○友達の考えを聞いて、自分の考えを確かめたり発展させたりすることができる。（発言・学習カード）	5 3
3	①学習のまとめとして、二次感想文を書く。	・二次感想は、『わらぐつの中の神様』を学習して」とし、学習の感想、学習して学んだこと、自らの読みの変容等が書けるようにする。 ・感想文は、自由に読み合えるようにしておく。	○学習したことを生かして、二次感想を書くことができる。（感想文）	1

三　授業の実際

(一)　学習者が設定した個々の課題

頁	個々の課題(名前)
8	**なぜおばあちゃんは、雪の音に耳をすましてから話したのか。(弥)**
8	村じゅうの人から好かれていたのは、なぜか。(千子・健男)
9	おみつさんの足が自然と速くなったのはなぜか。(弥男)
10	なぜ、おみつさんは、「負けてくれ」と言ってもだめだろうと思ったのか。(桜子)
10	おみつさんが、雪げたをあきらめきれなかったのはなぜか。(遊男・健男・水子)
11	ねだりをしたことのないおみつさんが、雪げたをほしい気持ちを考えよう。(孝男・正男・遥子・真子・智男・ひ子・卓男)
12	小さい弟や妹がわいわい言い出した時のおみつさんの気持ち (裕男・豪男)
12	おみつさんは、どう思ってわらぐつを作ったのか。(真子)
12	なぜ、わらぐつを作ってお金を作ろうと思ったのか。(日子・遥子・智男・卓男)
14	なぜ「雪げたが、ほんのちょっぴり自分の手のとどくところへ出てきたような気がした」のでしょう。(遊男)
15	なぜ「わらぐつ」を「わらまんじゅう」と思ったのでしょう。(弥男)
15	**大工さんが、初めておみつさんを見た時は、どう思ったのか。(桜子)**

16	なぜ、大工さんは、そんな不格好なわらぐつを買ってくれたのでしょう。（遥子・千子・裕男・美子）
16	大工さんをおがみたくなったおみつさんの気持ちを考えよう。（健男・貴子）
18	大工さんが毎日おみつさんのわらぐつを買ったのはなぜでしょう。（ミ子・貴子）
18	大工さんは、わらぐつを買って、その後どうしていたのだろうか。（ひ子）
18	おみつさんが、大工さんの顔を見るのが楽しみになっていたのはなぜでしょう。（正男・遊男）
18	大工さんの「仕事場の仲間や近所の人たちの分も買ってやった」というのは本当か。（遥子・美子・水子）
19	おみつさんにプロポーズした大工さんの気持ち（遊男・夏子）
19	大工さんは、おみつさんのどんなところを好きになったのか。（日子・健男・遥子・千子）
19	おみつさんは、大工さんをどう思ったのでしょう。（遊男）
20	大工さんは、はっきり「好き」と言わなかったけど、本当に好きなのか。（遥子）
20	大工さんにプロポーズされた時、おみつさんはどんな気持ちだったのか。（美子・夏子・貴子）
20	「神様みたいに大事にする」というのは本当だったか。（日子）
23	雪げたをはかずにとっておいたのはどうしてか。（遥子・ひ子）
23	マサエは、なぜ雪げたの中に神様がいると思ったのか。（日子）
23	赤いつま皮の雪げたをかかえたままおじいちゃんのところへ行って、おじいちゃんはどんな反応を示したか、お話の続きを考えよう。（弥男・美子）
【全体を通して】	おばあちゃんは、なぜ、わらぐつの中に神様がいると話したのか。（孝男）
	マサエは、話を聞いた後、わらぐつをみっともないと思わなくなったのか。（遥子）
	本当にわらぐつの中に神様がいるのか。（正男・千子）

おみつさんの性格を考えよう。（遊男）
このお話の主人公は誰か。（夏子）

（二）本時の学習（十二時間扱い中の第十一時）

1　主眼

「このお話の神様とは、どういうものなんだろう。」について、各自の考えを発表し合ったり作品中の「神様」という言葉への置き換えが可能であるか検討したりすることを通して、個々人の価値を置く叙述が多様であることや多様な「読み」が存在することに気づき、作品中の祖母が語り継ごうとしている「神様」の意味について自らの「読み」を確かめたり発展させたりすることができる。

2　授業記録の概要

T：**このお話の「神様」とは、どういうものなのだろう。**
前時に書いた「もとになる叙述」と「考え」を発表してください。

遥子：「**この雪げたばかりは、なんとしてもあきらめきれないのです。**」と「**そうだ自分で働いて、お金を作ろう。**」というところから、おじいちゃんとおばあちゃんを出会わせてくれた物である雪下駄と心をこめて作ったわらぐつだと思う。①

裕男：「**使う人の身になって心をこめて作ったものには神様がいるのと同じこんだ。それを作った人も神様とお**

んなじだ。」と「**雪わらぐつの中には神様がいなさるでね。」**というところから、使う人の身になって心をこめて作られたものと、それを作った人。おばあちゃんの作ったわらぐつにも神様が宿っていると思う。②

夏子：「**大工さんをおがみたいような気がしました。」**から、おじいちゃんだと思う。わらぐつを買ってくれたし、最初に買ってくれたし、じょうぶだと言ってくれたから。③

正男：「**使う人の身になって心をこめて作ったものには神様がいるのと同じこんだ。」**から、心をこめて作った人が神様だと思う。④

卓男：同じところから、使う人の身になって、心をこめて作ろうというおみつさんの思いだと思う。⑤

日子：心をこめた物、おみつさんのわらぐつのこと。⑥

智男：「**使う人の身になって心をこめて作ったものには神様がいるのと同じこんだ。それを作った人も神様とおんなじだ。」**と「**いい仕事ってのは、見かけで決まるもんじゃない。使いやすく、じょうぶで長持ちするように作るのが、ほんとのいい仕事」**から、こころをこめてわらぐつを作ったおみつさんと、いい仕事をしたいと思っている大工さんだと思う。⑦

真子：「**使う人の身になって心をこめて作ったものには神様がいるのと同じこんだ。それを作った人も神様とおんなじだ。」**から、自分で人のために作ったものは、神様みたいに大事にされる。⑧

豪男：同じところから、心をこめて作ったものに入っているもの。⑨

弥男：使う人の身になって、心をこめて作った人と心をこめて作ったもの⑩

大子：使う人の身になって、心をこめて作ったものにいるもの。⑪

吾男：使う人の身になっていいものを作る人にくるのが神様。⑫

遊男：ていねいにわらぐつを作った人と、その作ったもの。⑬

桜子：「使う人の身になって心をこめて作ったものには神様がいるのと同じこんだ。それを作った人も神様とおんなじだ。」と「おばあちゃんのためにせっせと働いて買ってくれた雪げたの中にも神様がいるかも」と「はく人がはきやすいように、あったかいように、少しでも長もちするようにと、心をこめて」というところから、心がこもっているもの・心をこめた人、一生懸命やった人の結果のようなものだと思う。⑭

健男：「使う人の身になって心をこめて作ったものには神様がいるのと同じこんだ。それを作った人も神様とおんなじだ。」と「おばあちゃんのためにせっせと働いて買ってくれた雪げたの中にも神様がいるかも」から、心をこめて作った人に幸運をもたらしてくれる神様。誰かのためにせっせと働いて買ってくれものの中にも宿る。⑮

ミ子：「神様みたいに大事にするつもりだよ。」から、大切にしている人だと思う。⑯

ひ子：同じところから、心をこめて作ったものを買ってくれて大事にしてくれた人のことだと思う。⑰

T　：このお話には、「神様」という言葉が九個出てきますね。（確認）
おみつさんや大工さんといった人やわらぐつや雪げたといった具体的な物では、うまく置き換えられないね。どの「神様」という言葉にも置き換えられる「神様」とは、どういうものなのだろう。理由もつけて、書いてください。周りの人と相談してみてもいいよ。

健男：心をこめた者に幸運をもたらしてくれるものだと思う。みんな幸せになっているから。（A）

豪男：ぼくも似ていて、頑張った人に幸運をもたらしてくれるもの。（B）

真子：人の幸せをかなえるもの。最後に、おみつさんと大工さんが幸せになったから。（C

日子：「心」だと思う。それは、人の身になってこめる心。（D）

智男：心をこめて作った人の心。（E）
卓男：ぼくも、心だと思う。おみつさんが心をこめて作ったわらぐつの中には、おみつさんの心そのものが入っている。（F）
桜子：一生懸命やった人に訪れるいい結果だと思う。この話はいい結果になったから。（G）

T：**いいと思った友達の考えを発表してください。**
貴子：桜子さんの「神様は、一生懸命やった人へのいい結果」がいいと思った。理由は、物ではないものだし、神様がそういうものだと納得がいくから。
千子：真子さんの「人のために作ったものは、神様みたいに大事にされる」がいいと思った。理由は、そんなこと思いつかなかったからです。

3　授業の考察

「このお話の『神様』とは、どういうものなのだろう。」について、考えやもとになる叙述を発表し合うことを通して、個々が価値を置く多様な叙述や「読み」が出されてきた。

○　出会わせてくれた雪下駄 ①、使う人の身になって心をこめて作ったわらぐつ ①⑥
○　心をこめて作ったおみつさん ⑦
おがみたいような気にさせ、いい仕事をしたいと言う大工さん（おじいちゃん）③⑦

○使う人の身になって心をこめて作ったもの　②⑥⑩⑬⑭
・自分で人のために作ったものは、神様みたいに大事にされる　⑧
○心をこめて作った人　②④⑦⑩⑪⑬⑭
○大切にしている人　⑯、心をこめて作ったものを買ってくれ、大事にしてくれた人　⑰
○使う人の身になって、心をこめて作ろうというおみつさんの思い　⑤
・心をこめて作ったものの中に入っているもの・いるもの　⑨⑪
・誰かのためにせっせと働いて買ってくれものの中にも宿る。⑮
○使う人の身になっていいものを作る人にくるのが神様　⑫
・一生懸命やった人の結果のようなもの　⑭、心をこめて作った人に幸運をもたらしてくれる⑮。

「雪下駄、わらぐつ、おみつさん・大工さん」といった物語に登場した人物や物をあげる子どもがいる。そして、「心をこめた作った人、大切にしている人、心をこめて作った物」等、物語をもとに一般化した言い方にしている子どももいた。また、「心をこめて作ろうというおみつさんの思い、ものの中に宿るもの、作る人に来るもの、結果のようなもの、幸運をもたらすもの」といった抽象的なものとしてとらえ始めてきている子どももいた。

更に、**「（九個の）どの『神様』にも置き換えられる『神様』とは、どういうものなんだろう。」**と、問い直してみた。自分が価値を置いていなかった部分も含まれることや、具体的な人や物ではうまく置き換えられない場合があることから、戸惑った子どももいたが、前半の「読み」の交流での友だちの考えをもとにする等して考えることができた。大別すると次の二つに分類できる。

○　人のためにと努力することによってもたらされる幸せ（A、B、C、G）
○　人の身になって考え、こめる心（D、E、F）

おみつさんは、本当の価値を見抜いた大工さんとの心の通じ合いを通して、やはり「人間のねうちは見てくれではなく人の身になって考える心」であり、「人のために働いて、誠実に生きることが幸せである」と、自分の生きてきた生き方の価値を認識した。マサエに伝えておきたかったおばあちゃんのその思いは、本学級の子どもたちにも伝わったのではないか。

四　実践の振り返り

三名の学習者を取り上げて、本単元での学習を分析し、それぞれの学習者がどのように自分の考えを広めたり深めたりしてきたかを考察したい。

（二）日子の事例から

初発の感想を次のように記している。

> 「おまんが来てくれたら、神様みたいに大事にするつもりだよ。」のところが、「神様みたい」で大切そうな感じが伝わり、心に残った。頑張って作ったものは、とても高価なものなんだなと思った。

「神様」という言葉に着目した日子は、次のような課題を設定して、個人追求を行った。

- **神様みたいに大事にするよというのは、本当か。**
- **どうして、わらぐつを作ろうと思ったのか。**
- **なんで、おみつさんをお嫁さんに選んだのか。**
- **マサエは、なぜ、雪げたの中にも神様がいると思ったのか。**

その過程で、「神様がいるようなわらぐつを作ったおみつさんを好きになったんだと思う。」、「おじいちゃんが、毎日毎日、暑いときも寒いときも、頑張って働いたから神様がいるんだと思う。」といった考えを持ってきた。

本時は、このお話の「神様」とは、「心をこめた物（おみつさんのわらぐつ）のこと」としていた。しかし、「使う人の身になって、心をこめて作ろうというおみつさんの思い」とか「使う人の身になっていい物を作る人にくるのが神様」といった級友の考えを聞き、どの「神様」という言葉にも置き換えられる「神様」とは何か考えることを通して、「こめた心」こそが「神様」であり、「使う人の身になってこめる心」が「神様」であるという考えに至ることができた。　次時には、次のような二次感想を書いている。

「マサエへ」

マサエ、おばあちゃんが、「わらぐつの中の神様」で伝えたかったことはね、わらぐつには、使う人の身になって考えた温かいものが入っているんだよ。それはね、「心」なんだよ。心は、みんなを幸せにしてくれたり守ってくれたりする、とてもやさしい神様なんだよ。

話の最後にマサエが言ったとおり、おじいちゃんが暑い中、寒い中、働いて買ってくれた雪げただから、大事に大事にとっておくんだよ。

マサエがおよめに行ったら、旦那さんのワイシャツやハンカチをアイロンでかける時、お弁当を作る時、全部に心をこめてすると、旦那さんがとてもご喜ぶし、心をこめたのが全部伝わるよ。そして、「ありがとう」の一言がとてもうれしく感じるよ。そして、「これからもよろしく」と言うと、ますます頑張れるよ。

心というものは、本当に温かいよ。


二次感想では、一人だけ、おばあちゃんからマサエへの手紙の形式で書いていた。この話自体がおばあちゃんの語りで占められていることを思うと、物語の中へ入り込んでいる参加者的な読みをしていることの証明とも言える。おばあちゃんになりきっているからか、上から目線とも言える書きぶりである。自分に引き付ける強さを感じさせる。

読みの交流で獲得した「神様とは、人の身になってこめる心」という視点で書かれているが、個の課題追求で得た考えも示されている。

後半部分は、自分の日常生活に戻り、自分の価値観を自分の母親の姿や具体的行為に重ねて示している。自分の家族の温かい行為や教えに対する満足感が感じられる。そして、「神様みたいに大事に」ということは、「人の身になって心をこめること」であるという、獲得した読みへの自信があふれている。「心は温かい」という思いが加わって強調され、「心はみんなを幸せにしてくれたり守ってくれたりする、とてもやさしい神様」であると説明されている。

　自分の課題や価値観を大事にして読む子どもであり、日常生活でも、自分の世界を大事にすることができる子どもである。素直で前向きであり、自分の考えに自信をもち、人にもはっきりと意見できる子どもであろう。

　様々な考えに触れたり別の角度から考える経験を積ませていくことで、本時のように、見方・考え方を広め発展させることも期待ができる。

	対自	対他	対事	対辞
情景的				
心情的		○		
論理的	◎	○	○	

(二)　孝男の事例から

わらぐつを買ってくれた行為に着目し、「心をこめて作ったから神様がいて買ってくれたんだ。」と考え、学習を進めてきた孝男は、本時、この話の神様は、「心をこめて作ったものの中にいるもの」であると考えていた。しかし、どの「神様」という言葉にも置き換えられる「神様」については、書くことができず白紙であった。

　そして、次時に書いた二次感想文では、「おばあちゃんがマサエに伝えたかったことを書くといいんじゃないかな。」という授業者の支援に応じて、次のように書いている。

「わらぐつの中の神様」を学習して

おばあちゃんがマサエに伝えたかったことは、頑張ったりいいことをしたりすると神様が幸運にしてくれると言いたかったんじゃないかなと思います。

ぼくは、勉強で頑張って、テスト勉をしたり教科書を何回も読んだりすると、必ずしたのとしないのでは、全然違う点になっています。やっぱり頑張れば、おみつさんのようなことが起きるんだと思います。

おみつさんは、頑張ってわらぐつを編んだから、神様が幸運をもたらしてくれて、結婚をして雪げたを買ってもらえたのではないかと思います。ぼくも、テスト勉をして百点になれば、なにげにいいことが起きているんじゃないかと思います。なので、何事にも一生懸命やっていきたいと思います。

この文面からは、「神様」とは、「頑張ったりいいことをすると幸運にしてくれる」存在であるととらえていることが推察できる。前時の読みの交流をとおして、健男の「心をこめたものに幸運をもたらしてくれるものだと思う。みんな幸せになっているから」といった発言から、自分なりに「神様」という言葉の意味を広げ、深めてきていることがうかがわれる。

「勉強」という自分の現実に引き寄せて考え、自分の行為を振り返る姿も特徴的である。「なにげにいいことが起きているんじゃないか」という文面からは、実利的な考え方が窺える。

	対自	対他	対事	対辞
情景的				
心情的	○			
論理的	○	○	◎	

最後には、「何事にも一生懸命やっていきたいと思います」と、物語から学んだことを自分に生かしていこうとする姿勢が見られる。教訓

的な受け止めをする傾向があると考えられる。

(三) 健男の事例から

本時で、健男は前半から、**「使う人の身になって心をこめて作ったものには神様がいるのと同じこんだ。それを作った人も神様とおんなじだ。」**と**「おばあちゃんのためにせっせと働いて買ってくれた雪げたの中も神様がいるかも」**という叙述をもとに、「心をこめて作った人に幸運をもたらしてくれる神様。誰かのためにせっせと働いて買ってくれものの中にも宿る。」と発言している。「わらぐつ・雪下駄・使う人の身になて、心をこめて作ったもの」といった「もの」や、「おみつさん、大工さん、使う人の身になって、心をめて作った人」といった「人」とするように、神様を具体物に求める子がほとんどであったなかで、複数の叙述を並べ関係付けて考えることによって、抽象的な方向に進むことができていた。

二次感想文を次のように記している。

> 「わらぐつの中の神様」を学習して
>
> ぼくは、最初、正直に言うと、「わらぐつの中の神様」という話が、ここまで奥深くて、関心の持てる話だとは思っていませんでした。
>
> 一番驚いたことは、あのくらいの文章でこれほどまでの物語を書いて、重要なところは最も重要なところしか書

かず、読者に「その時どう思ったか、どうしてこうなったのか」など、想像をふくらませてもらう楽しめる文になっていることです。

　想像をふくらますことで、いろいろな「わらぐつの中の神様」の話や言葉に興味をもち、考える力がつきます。なにより、最後は幸せになるから、これほど苦労して幸せになれてよかったなあと思うことです。最後は、幸せという温かな出来事で終わるのは、とても気持ちがよかったです。

	対自	対他	対事	対辞
情景的				
心情的	○			
論理的	○		◎	

　参加者モードではなく、あくまでも読者としての感想を残そうとしている。物語そのものや、学習そのものについて総合的・全体的に述べている。

　「一番驚いたことは」として、文章量や書く内容、想像をふくらませる仕掛けといった点で、作者・作品を評価している。抽象的な述べ方であり、額縁構造や小道具、謎解きといった具体的な内容をあげることはない。

　「奥深い」、「興味」等の言葉から自分の学習に自信を持ち、意欲を高めていることがうかがわれる。「これだけ苦労して幸せになれてよかった」という文からは、優しい人柄が窺える。「幸せ」というのは、読んだ時の自分自身の気持だったのかもしれない。

　具体的ではなく、抽象化する。大局的に作品論や作者の意図を語ろうとしている。

五　終わりに

（一）「一人学び」の時間の確保

各自がまず主体的にテキストに関わり、自らの「読み」を生成することが前提であると考えた。前提となるべき考えを持てるよう、作品や登場人物とのコミュニケーションを行う時間を確保したい。そのことが、「読み」を交換し共有するためのコミュニケーションを可能とする。まず、個々が自らの「空所」を課題化し、自らのペースで個人追求を行うように単元を展開した。

（二）「読み」の交流の意義

「読み」の交流では、子ども達が各自の「読み」を伝え合うために話題を設定する。その話題は、今までの学習の成果を発揮でき、誰もが関われるものを用意したい。各自が自らの「読み」を確かめて考えをもつことが傾聴につながる。また、新たな「読み」に気付いたり自分の「読み」を見返したりすることを可能にする。

問い直しやゆさぶりを行い、自分の考えを見返したり級友の考えを読み返したりし、自らの考えを広めたり深めたりして発展させられるようにしたい。

事例から、どの学習者もそれぞれ自分の窓口から誰かの意見に着目し、自分の意見を補強したり新たな考えを取り入れたりしてきていることがうかがえた。そのためにも、大事な叙述や級友の考えがはっきりするような構造的な板書ができるように工夫したい。

「読み」の交流を行うことは、言葉を通しての仲間とのコミュニケーションの機会つくりであり、仲間の内面世界や個性を発見していく一つの場となるのではないかと考える。

（三）「読み」の根拠について

叙述を根拠にして考えることはもちろんだが、複数の叙述を関係付けて根拠にして考えることの大切さが示唆されてきた。日頃の学習の中で大切に考えて経験をつませたり、「読み」の交流の中で取り上げて確認したりしていきたい。

（四）学習者理解について

初発感想から二次感想までの学習の流れをとらえていくことで、その子の学びや表出、変容等が見えてくる。感じ方や「読み」の傾向を把握することで、その子への支援について見通しや予測を持つことが可能になる。授業者は、個々の「読み」の違いを前提とし、「読み」の傾向をもとに学習者個々の反応を予測していきたい。学習者の成長に合わせて「解釈・仮説・修正」を続けていくことも大切である。

そして何より、その個の学習カードや感想文を読んでその子を理解することは、教師の大きな愉しみなのではないかと考える。

※　本実践に登場する児童の名前は、全て本名ではなく、仮名にしてある。

七　「読み」の交流を通して、分かる喜びを
「なぜ『やまなし』という題名なのだろう。」「やまなし」（小6）

一　教材について　「やまなし」　宮沢　賢治　作

「五月」の輝く陽光のなかで生命を謳歌する生き物たち。しかし、その生命は他の生命をうばうことによって維持されていく弱肉強食の世界の中にある。蟹の兄弟は、他の生命の犠牲の上に存在する生命があるのだという悲しく恐ろしい事実の一端を知る。

「十二月」の冷たい静寂の月光のなか、成長した蟹の兄弟の上に落ちてきた「やまなし」。熟し自らの生命を全うした上で、他の生命に自分を与え生き続けさせる死もあることを、かにの兄弟は知る。

「やまなし」は、「小さな谷川の底を写した、二枚の青い幻灯です。」で始まり、「わたしの幻灯はこれでおしまいであります。」で終わる。その中身は「五月」と「十二月」という二場面構成になっており、「静と動」「冷と暖」「昼と夜」「かわせみとやまなし」「生と死」など対比的な読み方ができるように表現されている。どちらも川底にいる「かに」の目を通して表現されている世界である。比喩表現、対比表現、擬声語・擬態語、色彩語、造語などを多用した幻想的な情景描写が読み手の想像力をかき立てる。しかし、子どもたちから「意味がわからない」、「何を言いたいのかわからない」といった声があがる作品でもある。

また、「イーハトーヴの夢」は宮沢賢治の短い生涯を著した伝記である。この伝記を「やまなし」の学習と併せて読むことで、宮沢賢治の生き方や考え方に触れることができ、更には「やまなし」に込められた思いを想像することができる。

本単元では、個々の着目した課題を個別に追求して、それぞれの読みを生成した後、「造語について考える（クラムボンとは何だろう）」、「色彩語について考える（五月と十二月の色の表現を書き出し違いを見つけよう）」、「なぜ『やまなし』という題名なのだろう」という話題を設定して考えさせ、読みを交流して、自分の考えを広めたり深めたりさせたいと考えた。「意味がわからない」、「何を言いたいのかわからない」と戸惑った子どもたちに、謎解きのようなおもしろさを味わわせ、学習を終えた時の満足感をもたせたいと願っている。

二　授業の計画

（一）目標

◎文章を読んで考えたことを発表し合って、一人一人の感じ方・考え方について違いのあることに気付き、自分の考えを広めたり深めたりする。（読む力）

○「やまなし」に描かれた情景を、叙述に即して想像しながら読む。（読む力）

○情景や独特の表現に興味をもち、宮沢賢治の作品や生き方を知ろうとする。（関心・意欲・態度）

（二）学習計画の大要

次	学習活動	指　導	評価規準（主な方法）	時
1	①「やまなし」の範読を聞いたり音読したりする。	・学習のめあて「表現を味わい、豊かに想像しよう。」	○お話に興味を持って、音読を楽しんでいる。（発言、音読の様子）	1
	②初発の感想を書いて発表し合う。 ・心に残った叙述 ・思ったこと	・「心に残った叙述」、「読んで思ったこと」、「疑問点」等を観点とする。 ・初発の感想の発表場面では、観点をもとに分類整理しながら板書し、感じ方の違いを確認し合えるようにする。	○自分なりに初発の感想を書くことができると共に、相違を感じな	2

	・疑問点　等 ③学習計画を立てる。		がら発表を聞くことができる。（学習カード）	
	①それぞれで、個々の課題を設定して、答えをテクストの中から求める。	・子どもたちの、各自の疑問をもとに課題を設定し、各自がその答えをテクストの中から探し出していくようにさせる。	○自分なりに、文中からキーとなる叙述を見つけたり、考えを書いたりする。（学習カード）	4
2	②話題に対して、考えを持ち、友達と「読みの交流」を行う。	・話題を設定し、読みを交流する。 ①「造語について考える（『クラムボン』とは何だろう。）」 ②「色彩語について考える（『五月』と『十二月』の色の表現を書き出し、違いを見つけよう。）」 ③「なぜ『やまなし』という題名なのだろう。」	○友達の考えを聞いて、自分の考えを確かめたり発展させたりすることができる。（発言・学習カード）	4
3	①資料「イーハトーブの夢」を読み、作者の考え方にふれる。	①「イーハトーヴの夢」を読む。 ②作者の生涯や物の考え方について、感じたことを発表し合う。	○賢治の生涯について、感想を持つことができる。（発言）	1
4	①学習のまとめとして、二次感想文を書く。	・二次感想は、「『やまなし』を学習して」とし、学習の感想、学習して学んだこと、自らの読みの変容等が書けるようにする。 ・感想文は、自由に読み合えるようにしておく。	○学習したことを生かして、二次感想を書くことができる。（感想文）	1

三　授業の実際

（一）学習者が設定した個々の課題

頁	個々の課題（名前）
	五月
4	「クラムボン」とは何だろう。どうして笑ったり死んだりするのか。（正男・遥子・健男・美子・千子・弥男・夏子・智男・ひ子・ミ子・卓男・水子）
5	クラムボンを見ているかにの兄弟の気持ち（真子）
	「暗いあわ」とは何か。（千子）
	「水銀のように光って」とは、どういう情景だろう。（遥子）
	「天井」とは何だろう。（孝男・正男）
6	「それなら、なぜ殺された」とはだれが言ったのか。（裕男）
7	「悪いこと」って何だろう。（夏子・太男・卓男）
	お魚は何をとっているのだろう。（弥子）
	魚が「ひれも尾も動かさず水に流されてきた」のはなぜか。（夏子）
8	弟のかには、「お魚は……。」の続きを何と言いたかったのか。（夏子）
	「鉄砲だまのようなもの」とは、何のことだろう。（孝男）
	「いきなり飛びこんできた」ものは何か。（裕男）

「黒くとがっている」のを見た兄さんのかにの気持ち。（真子）
「光の黄金のあみ」とは何か。（貴子）
9　「おかしなもの」とは何だろう。（孝男）
「青くて光る、はじが黒くとがっているもの」とは何か。（日子・聖子）
お父さんは、どうして「こわい所へ行った」という言い方をしたのか。（千子・卓男）
10　「こわいよ、お父さん」と言われたお父さんのかにの気持ち（真子）

十二月

「ラムネのびんの月光」とはどういう情景なのか。（千子・月子・夏子）
11　かにの兄弟は、なぜねむらないで外に出ていたのか。（真子）
12　あわの大きさを競っているかにの兄弟の気持ちを考えよう。（千子・夏子・ひ子・水子）
やまなしを見たときのかにの兄弟の気持ち（聖子）
「トブン」と「ドブン」の違いを考えよう。（千子）
「黄金のぶち」とは何でしょう。（豪男）
13　「かわせみだ。」と言った時のかにの子どもたちの気持ち（太男）
流れていくやまなしを追うお父さんのかにの気持ち。（真子）
14　やまなしは、かにたちにとってどのようなものなのか。（日子・健男）
「青白いほのお」とは何か。（遥子・聖子・月子）
「金剛石の粉をはいているよう」とは、どのような情景を表しているのか。（日子・貴子）
どうして「五月」から「十二月」に急に変わるのか。（月子）

全体を通して
主人公は、題名が「やまなし」だから『やまなし』なのか。それとも『かに』なのか。（月子） やまなしの話の所は少ししかないのに、どうして「やまなし」という題名にしたのだろう。（孝男・正男・卓男・水子） 「黄金」という言葉が出てくるところは、どのような情景を表しているのだろうか。（孝男） 擬態語をたくさん使っていることの効果を考えよう。（正男） 作者はどうして幻灯を物語にしたのか。（貴子） 作者はこの話で何を言いたいのか。（健男・太男）

（二）本時の学習（十三時間扱い中の第十一時）

1　本時の位置

前時‥　なぜ「やまなし」という題名がつけられたのかを考えるきっかけとして、対比されているかわせみとやまなしの登場場面の違いを個人追求した。

次時‥　なぜ「やまなし」という題名がつけられたのかそれぞれに考えをまとめ、二次感想文を書く。

2　主眼

「五月」のかわせみが飛び込んできた場面と、「十二月」のやまなしが落ちてきた場面を比較して違いを読み取った考えを発表し合うことを通して、かわせみとやまなしが谷川に入ってきた様子やかにの兄弟に与えた影響の違いに気付き、かわせみとやまなしのそれぞれの生と死の側面について考えて「やまなし」という題名にした賢治の意図をさぐることができる。

3　授業記録の概要

なぜ「やまなし」という題名なのだろう。
かわせみが飛び込んできた場面とやまなしが落ちてきた場面を比べて違いを考えよう。

（板書）

Ｔ　：**前時に書いた「もとになる叙述」と「考え」を発表してください。**
貴子：五月の「**にわかに天井に白いあわが立って、青光りのまるでぎらぎらする鉄砲玉のようなものが、いきなり飛びこんできました。**」と十二月の「**黒い丸い大きなものが天井から落ちて、ずうっとしずんで、また上へ上っていきました。**」から、五月のかわせみは、鋭くて速い。やまなしは丸くて黒い。
ひ子：同じところから、かわせみが飛びこんできた場面は、落ち着いていない感じ。やまなしが落ちてきた場面は落ち着いている感じ。
智男：かわせみは素早い感じで、やまなしはゆっくりしている。
弥男：かわせみは尖っていて鋭い。やまなしは丸い。かわせみは速い。やまなしは重い。
夏子：かわせみは、荒れてて鋭さがある感じ。やまなしは、静かに落ちて丸さがある。
卓男：五月の「**にわかに天井に白いあわが立って、青光りのまるでぎらぎらする鉄砲玉のようなものが、いきなり飛びこんできました。**」と十二月の「**黒い丸い大きなものが天井から落ちて、ずうっとしずんで、また上へ上っていきました。きらきらっと黄金のぶちが光りました。**」から、かわせみは、「**ぎらぎら**」という暗い表現で、やまなしは「**きらきら**」という明るい表現。
日子：「**その黄金のあみは、ゆらゆらゆれ、あわはつぶつぶ流れました。**」と「**きらきらっと黄金のぶちがら光**

千子：**りました。**」と書いてあり、似ているが違う。
五月の「**にわかに天井に白いあわが立って、青光りのまるでぎらぎらする鉄砲玉のようなものが、いきなり飛びこんできました。**」、「**兄さんのかには、はっきりとその青いものの先がコンパスのように黒くとがっているのを見ました。**」と十二月の「**その時、トブン。黒い丸い大きなものが天井から落ちてずうっとしずんで、また上へ上っていきました。きらきらっと黄金のぶちが光りました。**」から、かわせみは、音もせずに、飛びこんできたけど、やまなしはトブンと音を立てて落ちてきた。「**ぎらぎら**」という暗い表現で、やまなしは「**きらきら**」という明るい表現。
豪男：かわせみは、ものすごい勢いで水の中へ来た。やまなしは、高い所からゆっくり落ちてきた。
月子：五月は、突然何かおそろしい物が飛びこんできた感じ。やまなしのように「**トブン**」ではなく、いきなり鋭いものが飛びこんでくる。十二月のやまなしは、「**黒い丸い大きなもの**」は、少しこわそうで、「**きらきら黄金のぶちが光りました。**」だから静かで、良いものが落ちてくるような感じ。
水子：五月（かわせみ）の時は、最初はにぎやかで楽しい感じだけど、後の方であせって落ち着かない感じになる。やまなしの時は、あせりもなく、静かで落ち着いた感じ。
健男：五月のかわせみは、明るい朝で、きらきら光る。十二月のやまなしは静かな夜。のんびりしている。
裕男：五月は朝で、生き物が飛びこんでくる。十二月は夜で、果物が飛びこんでくる。
孝男：「**二ひきはまるで声も出ずいすくまってしまいました。**」と『**かわせみだ**』**子どもらのかには首をすくめて言いました。**」から、五月のかわせみは、蟹の子どもたちがこわがった。十二月のやまなしの時は、そんなにこわがらなかった。**蟹**の子どもたちが初めかわせみのことを敵だと思った。やまなしのことをかわせみだと思ったけれど、お父さん**蟹**がやまなしだと教えて食べ物だと分かった。

真子：「**こわいよ、お父さん。**」と「**おいしそうだね、お父さん。**」で、かわせみのことは怖がっている。やまなしには喜んでいる。
正男：かわせみの時はいかにもおそろしく表現されていて、やまなしになると普通に物が落ちてきた感じの表現になっている。また、五月にかわせみが来た時は、蟹が声も出ずいすくまってしまったけど、十二月になると、成長してかわせみの存在を知ってたから、首をすくめただけだった。
太男：五月は「**青暗く、暗いあわ、死んだよ、殺されたよ、こわい所**」と、暗いイメージのことばがあってこわい感じ。十二月は、やまなしをかわせみと勘違いしても、あまりこわくない。

T：**五月と十二月の場面の違いがはっきりしてきたと思います。生と死の側面を考えた時、やまなしとかわせみはどう違いますか。**

豪男：かわせみは、魚を殺している。魚は、生きていたのに食べられて死んだ。
裕男：やまなしは熟して落ちた。寿命が来て死んだ。
太男：やまなしは、自分から落ちて蟹の食べ物になる。しかし、かわせみは、魚をとって食べ物にしている。

T：**なぜ「やまなし」という題名なのだろう。理由もつけて書いてください。**
夏子：やまなしみたいに、最期までがんばって木にぶら下がっていて、死ぬ時は悔いのないように死にたいと思ったからじゃないかと思う。A
健男：作者は、荒々しい名前じゃなくて、やまなしのような穏やかな名前にしたかったと思う。B
日子：やまなしは、動物に食べてもらいたいから落ちた。この相手を思いやる気持ちを大切にしてほしいから、

太男：「やまなし」とつけたんだと思う。C
太男：魚は死んでしまったけど、カワセミのお腹を満たして死んでも役に立った。やまなしも、死んでも蟹に食べられて役に立てる。賢治さんが一番伝えたいことは、自分は殺されても寿命で死んでも、何かの役に立ちなさいということだと思う。でも、それではどちらかわからないけど、やまなしは、最期まで生きて誰かの役に立てたのだから、題名は「やまなし」でいいと思った。D
水子：「『いやだ。死にたくない』という魚の死に方」よりも、「寿命だというやまなしの死に方」の方が安らかでいいからだと思う。E
卓弥：「やまなしのように悔いの残らない人生を送ろう」みたいなことを作者は言いたかったんだと思う。F
孝男：作者は、蟹の気持ちになって、蟹たちにとって一番嬉しかったことはやまなしを食べることができることだったから。その一番嬉しかったやまなしの面をとって、「やまなし」という題名にしたのだと思う。G

T：**いいと思った友達の考えを発表してください。**
月子：太男君の「最期まで生きて役に立つ」という考え。私は魚は殺されてあまりよいイメージではないと書いたが、よく考えてみれば、魚もやまなしも蟹やかわせみの役に立っていると思った。
正男：水子さんの「穏やかな死に方」という考えはいいと思う。魚のように食べられて死ぬのはいやだから、やまなしのような死に方がいいと思ったから。
太男：孝男君の、蟹の気持ちになった考えはいいと思った。

4　授業の考察

「なぜ『やまなし』という題名なのだろう。」という学習問題を考えるにあたって、「**(五月の)かわせみが飛び込んできた場面と(十二月の)やまなしが落ちてきた場面を比べて違いを考える**」という誰でも係われる課題を手がかりにしていこうとした。子どもたちは、それぞれが多様な叙述に価値を置き、多様な気付を出してきている。

かわせみ	やまなし
尖っていて鋭い　落ち着かない　速い	黒くて丸い　落ち着いている　ゆっくり
荒れている　ぎらぎら　暗い　いきなり	静か　きらきら　明るい　トブン　のんびり
明るい朝　青黒く　暗いあわ　生き物	静かな夜　黄金のぶちが光る　果物
声も出ずいすくまる兄弟　怖がっている	首をすくめる兄弟　喜んでいる　蟹の成長

「読み」の交流を通して、魚はかわせみにさらわれて「こわい所」へ行ってしまうという「死」のイメージが交流されてきた。また、やまなしの穏やかなイメージが交流されてきた。そこで、「**生と死の側面を考えた時、やまなしとかわせみはどう違うか**」問うてみた。

かわせみ	やまなし
魚を殺している。　魚をとって食べ物に。 (魚は、生きていたのに食べられて死んだ。)	熟して落ちた。　寿命が来て死んだ。 自分から落ちて蟹の食べ物に。

かわせみの行為から、生きているものをとって食べるという弱肉強食の世界が確認された。また、十二月のやまなし

は、自ら食べられるために落ちてきた蟹の親子に恵みを与えるものであることが確認された。

「なぜ『やまなし』という題名なのだろう。」について出された考えは、自然と作者の意図や主題を問題にしてきているものであった。次のように分類できる。

○寿命を全うする穏やかな死を理想として「やまなし」とした。(A、B、E、F)
○恵みを与える「利他」の世界を訴えて「やまなし」とした。(C、D、G)

子どもたちは、五月が生きるために殺し合う、利己のための弱肉強食の世界であるのに対して、十二月は自己犠牲を通した利他がもたらすあたたかい世界であると読んでいる。穏やかに寿命を全うし、他の生き物に恵みを与えることを理想としている賢治が、その象徴である「やまなし」を題名にしているのだと考えてきた。

四　実践の振り返り

三名の学習者の二次感想文を取り上げて、本単元での学習を分析し、それぞれの学習者がどのように自分の考えを広めたり深めたりしてきたかを考察したい。

(一)　日子の事例から

1　設定した個の課題

「青くて光る、はじが黒くとがっているもの」とは何か。
やまなしは、かにたちにとってどのようなものなのか。
「金剛石の粉をはいているよう」とは、どのような情景を表しているのか。

2　二次感想文

「やまなし」の学習をして

「やまなし」で作者がうったえたかったことは、相手を思う気持ちがだんだん減ってきているから、私は相手への思いやりのメッセージみたいなものがこめられているのではないかと思いました。前はこんなふうに相手への思いやりがこもっているなんて気付かなかったけれど、だんだん「やまなし」を読み深めていくと、「クラムボンは何か」など、自分の思っていることを文にできるようになって、私は、それが賢治さんからのプレゼントだと思いました。

私は、最初に金雲母や青白い光など想像できなかったり考える力があまりなかったりしたけど、知識や想像できる力をこの「やまなし」からもらったのかなあと思いました。

「かわせみが飛び込む場面」と「やまなしが木から落ちる場面」の違いを、それぞれみんな書いたら、一人ひとりの文章がそれなりにうなずける説明で、どれも合っているような感じがして、本当にすごいと思いました。

3　考察

素直で前向きに読んでいくが、自分の価値観に引き付けて考え読む強さを持っていると捉えている。

「個の課題」では、意味的なものや情景を表す表現にも着目している。この物語をどのようにとらえて追求していったらよいか戸惑っているようにも感じる。それは、二次感想文に「～気付かなかったけど」、「～想像できなかったり考える力があまりなかったりしたけど」とあるように、初めの段階ではこの物語を「読む」ことに抵抗があったことを素直に表現していることからも窺える。しかし結果的には、「自分の思っていることを文にできるようになって、賢治さんからのプレゼントだと思いました。」・「知識や想像できる力をこの『やまなし』からもらった」と記されており、この「やまなし」での学びへの満足感や成長への自信を表現することができた。「賢治さん」という言い方からは、作者への親しみや尊敬の念も感じられる。

二次感想文は、主に自己の学びについて語られている。本単元での学びについての自己評価とも言える。

冒頭では、主題について述べている。それは、「相手への思いやりのメッセージみたいなものがこめられている」というものである。本時で、自分なりに意味づけした「やまなしは、動物に食べてもらいたいから落ちた。この相手を思いやる気持ちを大切にしてほしいから、『やまなし』という題名をつけた」という考えに基づいて書かれている。「相手を思う気持ちがだんだん減ってきているから」という理由付けも、自分の価値観を大事にし、そこに引き付けていく強さを現わしている。

	対自	対他	対事	対辞
情景的				
心情的	○	○		
論理的	◎	○	○	

最後に、「読み」の交流の場面での感想が書かれている。「一人ひとりの文章がそれなりにうなずける説明で、どれも合っているような感じがして、本当にすごいと思いました。」と、具体例はないが、級友の考えや感性が自分と違うことに気付き、啓発され認めている心情が記されている。はじめは作品や登場人物とのコミュニケーションに抵抗を感じていた日子は、学びや「読み」の交流を通して、自他の「読み」の価値を感じ、成長している。

（二）孝男の事例から

1　設定した個の課題

「鉄砲だまのようなもの」とは、何のことだろう。

「おかしなもの」とは何だろう。

やまなしの話の所は少ししかないのに、どうして「やまなし」という題名にしたのだろう。

「黄金」という言葉が出てくるところは、どのような情景を表しているのだろうか。

2　二次感想文

「やまなし」の学習を終えて思ったこと

ぼくは、初め「やまなし」という話を読んで思ったことは、「クラムボンとは何か」、「殺されたとは何が殺されたのか」不思議でした。授業をやって分かったことは、クラムボンとは作者が作ったもので、何かは分からないということでした。何で意味の分からない言葉を使うのかがとても不思議でした。今まで知らなかった言葉がわかるようになってよかったです。作者はたぶん、あるものを意味の分からない言葉にしているのだと思う。クラムボンも、ただの言葉じゃなくて、「あわ、光」など、どれかの物を、クラムボンというおもしろい表現としているのだと思う。

心に残っている文は、父がにが、「そうじゃない。あれはやまなしだ。流れていくぞ。ついていってみよう。ああ、いいにおいだな」と言う所です。理由は、ぼくはやまなしのにおいは知らないけど、かにたちが「いいにおいだな」と言っているから、とてもいいにおいなんだなと思ったからです。

「やまなし」という作品から学んだことは、魚がかわせみに食べられてしまう場面があったけど、魚などの生き物が自然の中で生きるという事は大変な事なんだなあと思いました。このかにたちが、本当に小さな谷川の底で、「やまなし」のように話をしていたら、とてもおもしろいことだと思いました。

	対自	対他	対事	対辞
情景的			○	
心情的	○	○		
論理的	○	○	◎	

3　考察

物語を、自分や自分の現実に引き寄せて考え、実利的・教訓的に受け止めて読む傾向があると捉えてきた。

今回は、学習の経過を中心にまとめ、作者の意図についても語っている。科学的・理科的な面を中心に疑問を持って、それを解決しようと努めながら学んできた姿勢が窺われる。

本時の「なぜ『やまなし』という題名なんだろう。」の学習では、蟹の視点から考え、「作者は、蟹の気持ちになって（書いていて）、蟹たちにとって一番嬉しかったことはやまなしを食べることができることだったから。その一番嬉しかったやまなしの面をとって、『やまなし』という題名にしたのだと思う。」と述べていた。現実的に考える子どもであるので、具体的な人物の視点に立つことと、具体的な「食べる」という行為に着目したためであろう。そこから、自分なりに作者の意図に迫ることができた。

科学的・理科的な面に興味のある子どもでもあり、「におい」に着目したり、自然界の生き物という視点で物語を見たりしていることは、個性的である。「いいと思った友達の考え」の発表場面では、「孝男君の、蟹の気持ちになった考えはいいと思った。」と、級友からも認められることができた。

「自然の中で生きるという事は大変な事なんだなあと思いました。」というのは、食物連鎖や弱肉強食の世界という自分の日頃の思いと重なる内容だったのだろう。級友の考えに触れてないことからは、我が道を行く強さを窺い知ることができる。「本当に～話をしていたら」という言葉には、この虚構の世界を楽しめたという満足感も感じられる。

（三）健男の事例から

1　設定した個の課題

「クラムボン」とは何だろう。どうして笑ったり死んだりするのか。
やまなしは、かにたちにとってどのようなものなのか。
作者はこの話で何を言いたいのか。

2　二次感想文

「やまなし」の学習を終えて
ぼくが思う「『やまなし』で作者が一番うったえたかったこと」は、たとえ命がなくなっても、だれかの役には立つんだという事を伝えたかったのだと、ぼくは感じました。だって、そうでしょ。魚だってかわせみに食べられて死んだのに、せみの役に立ったし、やまなしだって、かにが食べるのだから役に立ってます。と、最初は思ったけど、やっぱり、かわせみに殺されて役に立った魚よりも、最期までがんばって生きて、それで死んでかにに食べられるやまなしの方が幸せだと思いました。なのでぼくは、この作品から学んだことは、最期まで生きた幸せとだれかの役に立った幸せの二つです。

でも最初は、「なんだこれ、全然意味が分からないなあ」と思っていました。でも、みんなと不思議な生物「クラムボン」の解明や、やまなしとかわせみの登場場面の違いを考えたりして、考えれば考えるほど、この作品の意味を解きたいというふうに興味がわいてきます。だから今は、この作品のすごさやまだ分からない不思議さですごい作品だと思っています。

3　考察

健男は、物語や学習そのものについて総合的・全体的に述べる傾向がある。抽象的・大局的にとらえる子どもであると見ている。

「なんだこれ、全然意味が分からないなあ」と思っていたと記しているように、「作者はこの話で何を言いたいのか。」という課題を持っていた。本時では、「五月のかわせみは、明るい朝で、きらきら光る。十二月のやまなしは静かな夜。のんびりしている。」と違いをとらえ、「作者は、荒々しい名前じゃなくて、やまなしのような穏やかな名前にしたかったと思う。」と全体的な雰囲気をとらえた考えを述べている。

二次感想文では、主題について語っている。まず、本時の学習で級友が発言した「たとえ命がなくなっても、だれかの役に立つ」という考えを取り入れて述べている。「だって、そうでしょ。」という言葉には、その考えが自分にとっていかに驚きであったかがはっきりと現われている。「作者は『十二月』の穏やかな世界を望んでいる」と考えた健男には、完全に納得できるものではなかったのではないか。「と、最初は思ったけど、やっぱり」として、「殺されて役に立った魚よりも、最後までがんばって生きて、それで死んでかにに食べられるやまなしの方が幸せ」だとまとめている。これは、物語に「幸せ」を求める健男らしい結論である。続いて、作品から学んだことを明確に二つにまとめている。一つは「最期まで生きた幸せ」である。もう一つは「だれかの役に立った幸せ」であり、ここでは「役に立つ」ことと「幸せ」を融合させている。

健男は、「読み」の交流で級友の考えを傾聴することで、他の学習者の視座によって考えの修正を促された。そして、二次感想文を書く中で、他者の「読み」と自らの「読み」を検討したり融合したりして、自らの「読み」を広げていったのである。

最後に作品論を述べていることも、物語を大局的にとらえたい健男らしさが現れている。

	対自	対他	対事	対辞
情景的				
心情的	○			
論理的	○		◎	

五　実践を終えて

（一）個々の課題について

今回の実践では、『クラムボン』とは何だろう。どうして笑ったり死んだりするのか。」という造語に関するものに個々の課題が集中していた。比喩等の情景の表現に関するものも多かった。また、「どうして『やまなし』という題名にしたのか。」、「作者はこの話で何を言いたいのか。」といった主題に関わるものも多かった。もちろん、蟹の兄弟の心情を追求しようとするものもあったが、今までの物語教材に比べると少ない。

学習者は、読み手として、文章の情報と自分の知識を使って能動的に意味を作っている。従って、「読み」には、その子の生活体験・既有体験・価値観等が投影され、自らの「空所」もそこから生じてくる。

今まで、登場人物の行動や心情を読み取って登場人物とコミュニケーションをとってきた子ども達にとって、「やまなし」は、それが難しい。そのため、二枚の幻灯の中の出来事を通して作者が何を伝えようとしているのかを知ることが難しい。更に、「比喩表現、擬声語・擬態語、色彩語」などを多用した幻想的な情景描写は読み手の想像力をかき立てるものの、明確な意味や情景を求める学習者には抵抗となるであろう。

学習者個々が課題を作った後、「ひとり学び」によってそれを追求するようにした。学習者とテクストとの個性的な係わり方を保障し、多様な学習の成立を保障しようと考えたのである。

(二)　読みの交流について

次のような話題を設定し、読みを交流し合おうと考えた。

①「造語について考える（『クラムボン』とは何だろう。）」
②「色彩語について考える（『五月』と『十二月』の色の表現を書き出し、違いを見つけよう。）」
③「なぜ『やまなし』という題名なのだろう。」

①では、「泡、日光、波、アメンボ、プランクトン」等の様々な考えが理由と共に出された。「人それぞれに違う考えを持っていること、同じ考えの人もいること」に改めて気付かされる学習者達であった。傾聴することを通して、視座を転換させ、自分の考えと違う考えに心を寄せる様子も見られた。個々の相違に気付いたり友達の発言によって自らの考えを発展させたりすることを誘発することができたのではないか。

②は、この作品が二枚の幻灯に仮構して語られていることから、色彩表現をみていくことが手がかりとなると考えた。また「五月」と「十二月」の対比も必要な手立てである。比喩表現とも関わってくる。各月の色彩表現の数や、

「青色・黄金色」が共通することに気付きながら、各月のイメージの違いに気付くことが、次時③につながっていった。

③本時では、「なぜ『やまなし』という題名なのだろう」という学習問題を考えるにあたって、「かわせみが飛び込んできた場面とやまなしが落ちてきた場面の対比」という誰でも関われる課題を手がかりにし、「生と死の側面からのやまなしとかわせみの対比」→「『やまなし』という題名をつけた作者の意図」と進め、学習者の抱いた謎の解明を段階的に進めようと考えた。

健男は、「作者は『十二月』の穏やかな世界を望んでいる」と考え、「やまなしのような穏やかな名前にしたかったと思う。」と発言している。しかし、二次感想文の冒頭では、「たとえ命がなくなっても、だれかの役に立つ」という本時とは違う考えを述べている。個人追求して確立してきた「読み」は簡単に覆されるものではない。しかし、傾聴を伴う意見の発表の中で、学習者は自らの感じ方で自らが価値を持つ考えを選択している。「読み」の交流をする中で、問題意識を持つ学習者たちは自分で選択して係わり合っていける。それぞれが発表し合っているだけで係わり合っていけるという言語機能をそこに見ることができる。個人追求は、他者の「読み」を聞く視点を育てると言ってもよい。傾聴を伴う意見の発表の中で、学習者は自らの感じ方で自らが価値を持つ考えを選択していくのである。そして、それは視座転換を促すきっかけとなっていく。

しかし、健男は考えを深めていく。「やっぱり、殺されて役に立った魚よりも、最後までがんばって生きて、それで死んでかにに食べられるやまなしの方が幸せ」だというのである。また、最後に、学んだことを明確に二つにまとめている。一つは「最期まで生きた幸せ」であり、もう一つは「役に立つ」ことと「幸せ」を融合させた「だれかの役に立った幸せ」という考えであった。ここには、他者の「読み」と自らの「読み」との相違に気付くことによって、自らの中にあったものの気付いていなかった価値観を顕在化し、自らの「読み」を多様にしていった姿が現れている。

他の学習者からも次のような感想があがっている。「読み」の交流の意義や価値を実感している。

「他の人の考えもとても参考になり、発表し合うことがとても大切だと改めて思いました。」

「自分一人だけで思いつかなかった考えがあって、話し合ったら考えが広まり、いい学習になりました。」

「意見を聴き合うことは、自分の見方(視野)を広げることになり、とても素晴らしいことだと思います。」

(三) 二次感想文について

三名の二次感想文を読んでみると、「読み」の交流で多様な「読み」が発表されたことによって、同じ意見や違う意見のよさに気付いてきていることが窺える。その成果が二次感想文に現れている。

また、学習を振り返って二次感想文を書くことは、初めの感想や経過、学んだこと等を振り返る場面になっている。本教材での学びについての自己評価となっているとも言える。健男のように、感想文を書くことを通して、もう一度自らの考えを振り返り練り直す場になっている学習者もある。日子のように、学びを振り返る中で、「一人ひとりの文章がそれなりにうなずける説明で、どれも合っているような感じがして、本当にすごいと思いました」と、改めて級友のよさにふれる学習者も多い。二次感想文の執筆は、今までの自己の「読み」や「物語」を統合化・対象化して批評する一つの機会になるのである。

授業者側から見ると、二次感想文は、学習者の学びや到達点を評価する手掛かりとなる。その子の育ちを考察するためには、そこに至る学びの過程やその後のまとめにおける学習者の様相を把握していくことが必要であると考える。今回の三名の学習者は、五年生から担任しており、「読み」の傾向を探り、感じ方や考え方の傾向を把握してきている。そのため、二次感想文を読む際にも、「なぜこう書いたのか、なぜこう感じたのか」という解釈が可能になってきた。学びの中で、学習者は自己変容(成長)をとげていく。今後も、それぞれの感じ方や考え方を尊重し、その子の支援のために見通しや予測を持って実践できるよう「解釈・仮説・修正」を続けていくことが大切である。

（四）　最後に

文学教材学習によって、学習者は知識を増やすだけではない。ものの見方や感じ方を育み人格を形成していくという読書・読解の機能を経験する。文学教材学習に求められているのは、時間をかけた「詳細な読解」ではなく、知識を与える「作品中心主義・作者中心主義」でもない。学習者の「なぜだろう・なんだろう」といった課題を大切にし、「分かりたい・理解したい」という思いに応えることのできる学びである。学習者が自らの課題解決のために自ら精読して「課題対決能力」を育む、「読み」の交流において「コミュニケーション力」を育むといった実践を通して、それに応えていく必要がある。

文学教材学習においては、学習者とテクストとの対話、学習者と授業者との対話、学習者と学習者の「読み」の交流という対話、そして学習者自身の自己内対話と、様々なコミュニケーション場面が考えられる。それぞれの学びの過程での様相を把握していきたい。そして、「この子は、こういう『読み』をする傾向がある。この子はこういう感じ方・考え方・認識の仕方をする。」というその子に対する仮説を持てるようにしていくことが大切である。

※　本実践に登場する児童の名前は、全て本名ではなく、仮名にしてある。

小５　「勉強する私」

あとがき

本書に収めた実践や論考は、主に信州国語教育実践研究会（こまくさ会）の月例会や夏季研修会で発表してきたものです。

なお、理論編の一部や「一つの花」の実践は、平成十二年度信州大学大学院修士論文「小学校における文学教材学習指導の研究―個の「読み」の傾向を生かす課題学習―」からとっています。「くじらぐも」・「ずうっと、ずっと、大すきだよ」の実践は、平成十五年度第四八回長野県国語教育研究協議会（諏訪大会）小学校低学年分科会で発表したものです。「三年とうげ」・「モチモチの木」の実践の一部は、平成二十年度第七一回国語教育全国大会校種別分科会小学校部会「読むこと」中学年分科会で発表しています。また、「わらぐつの中の神様」の実践は、「月刊国語教育研究」№453（2010①日本国語教育学会編）の「私の学習室」欄で「読むことの学習と子ども理解」と題して一部を紹介しています。「お手紙」の実践は、冊子『読む力をつける授業づくり』益地憲一監修・こまくさ会編著（東洋館出版社 二〇一六年）にも載せてあります。

各実践は、平成八年（一九九六年）から平成二一年（二〇〇九年）にかけて、信州新町中央小学校、豊野西小学校、戸隠小学校、須坂小学校の各公立校で担任していた学級で行ったものです。形式等、不統一のところがありますが、当時の発表資料をほぼそのままで載せてありますのでお許し下さい。

信州国語教育実践研究会（こまくさ会）会長の益地憲一先生には、大学院在学中から引き続き、きめ細かなご指導や励ましをいただいてまいりました。実践を本にまとめるよう勧めていただき、出版の手引きもしていただきました。「まえがき」のお言葉も頂戴いたしました。温かいお心に心から感謝し御礼申し上げます。

また、こまくさ会会員の先生方からは実践的な立場からのご意見をいただいてきました。夏季研修会では、元東大阪短期大学の故巳野欣一先生や元京都女子大学の宝代地まり子先生から貴重なご助言をいただきました。皆様方に御礼申し上げます。そして、信州大学の藤森裕治先生には、大学院在学中に対話的コミュニケーション概念をご指導いただきました。その後の私の研究テーマを示唆いただいたことに感謝申し上げます。

私の文学教材の学習指導研究は、「子供理解を徹する会」の指導者である牧島亮夫先生との出会いによってスタートしました。「子どもの内面を理解することこそが教師の専門性である」、「個に即し個性を伸ばす教育は学習の内面過程に指導の視点が向けられないと成立しない」という牧島先生のお言葉は、私にとって、感動をもたらしてくれるものでした。実践を出版するよう励ましのお言葉をいただいたことにも心より感謝申し上げます。地道な活動を続ける「子供理解を徹する会」の皆様にも敬意を表し感謝申し上げます。

本書出版のために、溪水社代表取締役木村逸司氏には、格別のご高配をいただきました。大変お世話になりましたことに御礼申し上げます。

そして、熱心に学習し貴重な資料を残してくれた子ども達に感謝したいと思います。子どもから多くのことを教えてもらい、成長させてもらいました。本書のカットも、担任した子どもたちの版画作品を使用させてもらいました。素晴らしい子どもたちに出会えたことはこの上ない幸せであります。

平成三十年（二〇一八年）　三月

脇坂幸光

〈**筆者紹介**〉

脇　坂　幸　光　（わきさか　ゆきみつ）

昭和 32（1957）年　長野県下伊那郡生まれ。現在　長野市在住。
千葉大学教育学部卒業
信州大学大学院教育学研究科（教科教育専攻　国語教育専修）修了

信州国語教育実践研究会（こまくさ会）会員
全国大学国語教育学会会員
日本国語教育学会会員

〈**共著**〉

『読む力をつける授業づくり』益地憲一監修　こまくさ会編著
（東洋館出版社，2016 年）

「読み」の交流で育てるコミュニケーション力

「くじらぐも（小 1）」から「やまなし（小 6）」まで

平成 30 年 7 月 25 日　発行

著　者　脇坂　幸光

発行所　（株）溪水社

広島市中区小町 1 － 4（〒730-0041）
電話 082-246-7909　FAX 082-246-7876
E-mail: info@keisui.co.jp
URL:www.keisui.co.jp

ISBN978-4-86327-447-1 C3081